SIMPLY BIOTIFUL

CHLOÉ SUCRÉE

SIMPLY BIOTIFUL

Recetas saludables
con 6 ingredientes

Grijalbo

Papel certificado por el Forest Stewardship Council®

Edición actualizada: septiembre de 2024

Printed in Spain - Impreso en España

ISBN: 978-84-253-6834-9
Depósito legal: B-10.303-2024

Compuesto en Fotocomposición gama, sl.
Impreso en Índice, S. L.
(Barcelona)

GR 6 8 3 4 9

A mi madre, por inculcarme el gusto por
la comida casera bien hecha

Y a mi padre, por descubrirme las nuevas
tendencias culinarias

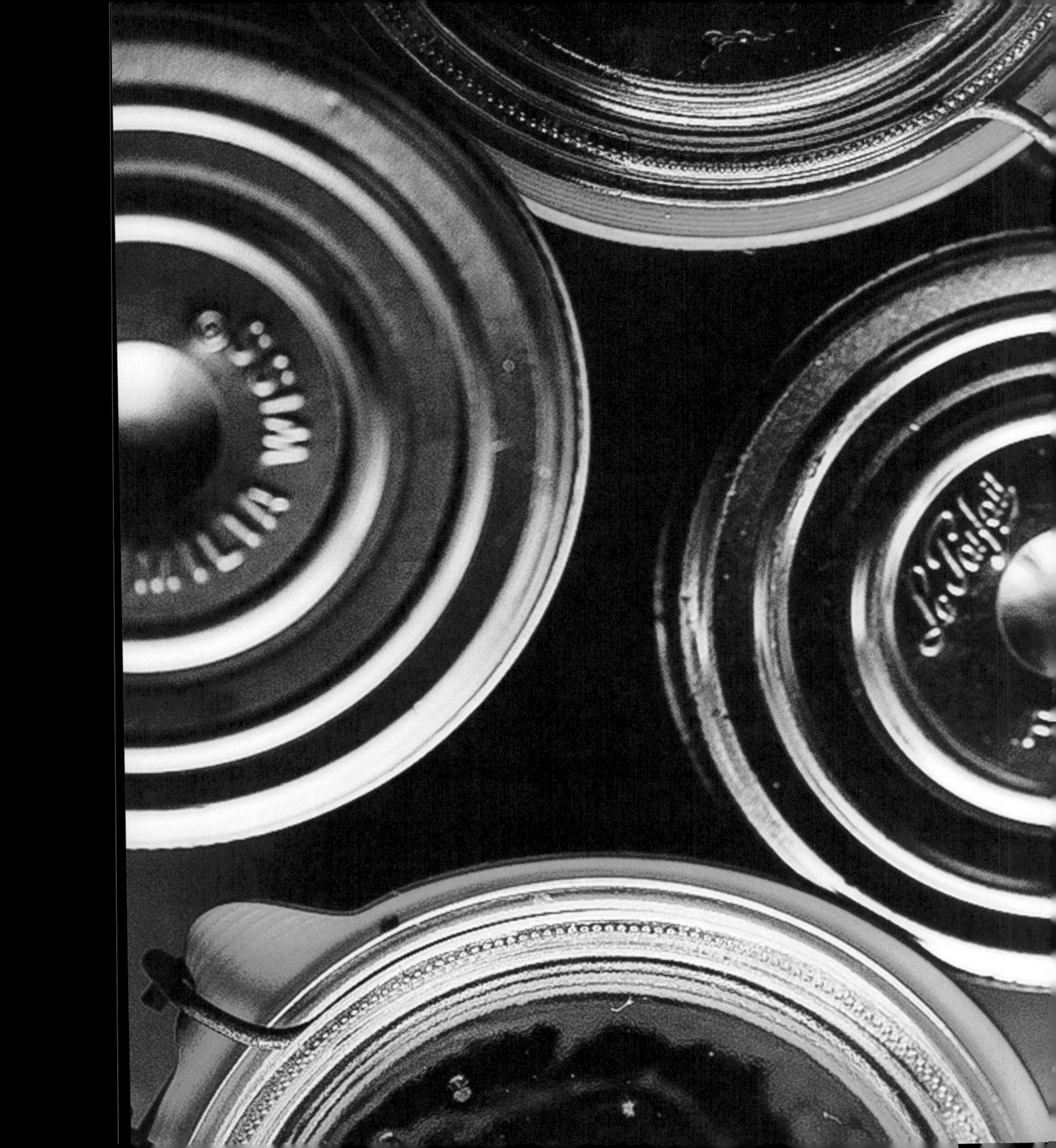

ÍNDICE

INTRODUCCIÓN

Cada día que pasa, me doy cuenta de que la cocina no tiene por qué ser complicada o estar basada en ingredientes imposibles de encontrar. Al contrario, creo que cuando cocino de forma sencilla, con ingredientes de calidad y de temporada, siento mayor satisfacción y felicidad, además de una conexión especial con la comida. Al cocinar, disfruto mucho más cuando priorizo lo simple de manera natural, casi instintiva.

La cocina es universal y debe ser simple.

Universal porque todos necesitamos comer (y cocinar) para sobrevivir. Es cierto que todos tenemos un modo distinto de ver y sentir la comida, pero comer (y cocinar) nos reconecta, además, con instantes y experiencias que nos hicieron sentir bien en un momento determinado. Del mismo modo, la cocina nos une cuando nos sentamos ante una mesa y compartimos historias alrededor de un plato. Estas son vivencias universales.

Y simples, porque no necesitamos complicarnos para conseguir que un plato esté delicioso y nos haga sentir bien. La cocina debe ser accesible para todos. Con tanta innovación, tendencias, superalimentos y técnicas imposibles de poner en práctica, tengo la sensación de que la cocina, en vez de acercarnos, nos aleja y acaba por dar demasiado «respeto». Más allá de la receta exquisita y enrevesada, se trata de disfrutar de un momento único.

Como individuos, tenemos distintos niveles de conocimiento y diferentes habilidades en la cocina, pero todos buscamos comer bien para sentirnos bien sin tener que pasarnos mil horas entre sartenes y ollas. Comer bien nos hace sentir mejor de muchas maneras: nos vincula a una situación, a una persona, a un recuerdo, a un ingrediente... Lo simple guarda relación, muchas veces, con lo nostálgico, lo auténtico y lo reconfortante. Lo que nos resulta más satisfactorio es poder preparar un plato así, que nos transporte a un momento especial con pocos ingredientes que sean fáciles de encontrar, que conozcamos y reconozcamos, de calidad y de temporada, que nos reconecten con nuestro pasado y con nosotros mismos.

Atesoro muchos recuerdos de mi madre cocinando. Mientras yo hacía los deberes en la mesa de la cocina, solía mirar y preguntarle qué estaba preparando. Creo que es en la cocina de una casa donde pasa todo lo interesante, las mejores conversaciones; es un lugar para compartir. Ese era, y sigue siendo, mi lugar favorito: la mesa de la cocina. No solo porque me gustaba sentirme acompañada, sino también porque era un momento de complicidad y de aprendizaje con mi madre. Le preguntaba qué cocía, qué especias había utilizado y, de repente, buscaba cualquier excusa para dejar los deberes y ponerme a cocinar con ella. Luego ponía la mesa, que me encantaba, porque, como digo, la cocina es un todo, es un pequeño ritual y poner la mesa también forma parte de ello y hay que darle su importancia. En la mesa de mi casa todos teníamos nuestro sitio, nuestra servilleta y ganas de compartir todo lo que habíamos hecho durante el día.

A todos nos gusta repetir, volver a probar y saborear un plato de nuestra infancia, y estoy casi segura de que siempre se trata de un plato sencillo, humilde, preparado con cariño y con ingredientes elegidos con mimo. Uno de los platos preferidos de mi niñez es el famoso *stoemp* que hacía mi madre. No es un plato complicado de preparar y no requiere muchos ingredientes, pero hoy sigue siendo uno de mis favoritos. Imagino que es por diferentes motivos, pero cada vez que lo preparo siento paz, aunque siempre pienso que el que hacía mi madre sabía mucho mejor. No sé muy bien cómo explicarlo, pero me imagino que los platos que nos hacían de pequeños, como son para mí el *stoemp*, el *gratin de courgettes*, la *mousse au chocolat*, más allá de la receta, tienen algo emocional. Y tal vez sea eso, repetir esa receta, lo que nos hace revivir cómo nos sentíamos entonces: protegidos, tranquilos y felices. Es sencillo: el placer es una sensación subjetiva vinculada a diferentes estímulos, como ciertos ingredientes y platos. Nos evocan determinadas emociones y nos hacen volver a un estado de bienestar.

Esta sensación de bienestar, en el norte de Europa, se llama *hygge*. Estos países son expertos en combinar de forma instintiva lo simple con lo estético sin renunciar nunca al sabor. Consideran, al igual que yo, que la comida es una experiencia que va más allá del mero hecho de ingerir alimentos y que puede incluir una música que suena mientras cocinas, a alguien que está a tu lado mientras elaboras un plato, un aroma, una mesa puesta, un sinfín de agradables sensaciones que siempre intentas reproducir.

Desde que soy mamá trato de simplificarme la vida, sobre todo en la cocina. Por eso creo, más que nunca, que se pueden preparar platos maravillosos, apetitosos y nutritivos con muy poco. Es decir, simplificarme la vida también va de sintetizar la lista de los ingredientes en las recetas. Sé que a veces no te pones a hacer tal o cual receta porque «es que no encuentro el ingrediente» o porque «es que la lista de la compra es muy larga» y «no reconozco la mitad de los ingredientes». Y todo esto te limita a la hora de probar recetas nuevas.

Entonces, para ayudarte, me he propuesto un reto: crear recetas con tan solo 6 ingredientes (o menos) sin renunciar jamás al sabor ni a la originalidad del plato. Los escogeré siempre de calidad, de temporada y, por supuesto, la elaboración de las recetas será lo más sencilla posible.

¿Por qué 6 ingredientes? Porque me parece un número de ingredientes razonablemente corto como para motivarte a entrar en la cocina y probar recetas nuevas.

Además, si tuviera que elegir mis ingredientes favoritos e indispensables, nunca faltarían los siguientes:

1. limón
2. una sal de calidad
3. tahini
4. chocolate negro
5. cualquier hierba fresca
6. cualquier verdura de temporada

Cuento con que en tu cocina tienes sal de calidad, pimienta recién molida, aceite de oliva, limón, ajo y algunas especias secas. Son ingredientes básicos que te recomiendo que tengas siempre a mano y que sean de calidad. Son la base para preparar (casi) cualquier receta, realzar sabores o darle el toque final a un plato, también visualmente. Por ello, aunque siempre te los recordaré, no los sumaré a los 6 ingredientes de las recetas de este libro.

LA LISTA DE INGREDIENTES DE FONDO DE ARMARIO:

- sal de calidad
- limón
- levadura
- aceite de oliva
- vinagre de manzana (no de vino, no balsámico)
- ajos
- especias secas más habituales: pimienta (recién molida), orégano
- caldo vegetal
- agua

Así pues, esta es la misión de este libro: crear platos simples para cada comida del día, que nos permitan revivir esos momentos especiales, pero, sobre todo, que sirvan para demostrarte que con poco puedes hacer mucho y que tú y todos somos capaces de hacerlo.

Eso sí, voy a contarte algunos trucos importantes que debes tener en cuenta para maximizar el potencial de cada ingrediente.

Mi intención con este libro también es la de evidenciar que los ingredientes simples, utilizados de la mejor manera, crean los platos más sensacionales. Asimismo, me gustaría revalorizar lo simple, con independencia de en qué ámbito de la vida lo apliquemos. *Lo simple mola y te lo voy a demostrar*.

Todos buscamos simplificarnos la vida: el día a día, acumular menos cosas... y en la cocina pasa exactamente lo mismo. Vamos a ponérnoslo fácil. Porque, casi siempre, lo más simple es lo mejor y es lo que necesitamos.

CALIDAD VS. CANTIDAD

Calidad. Hablamos de calidad de vida y de cómo nos gustaría, muchas veces, mejorarla. En la cocina es fundamental hablar también de calidad, y aún más si vamos a utilizar pocos ingredientes para preparar nuestras recetas.

Elegir con cuidado los alimentos mejorará exponencialmente el resultado. Si decidimos dedicar nuestro tiempo y nuestra energía a cocinar, es esencial escoger los mejores productos disponibles en el mercado. Notarás una diferencia bestial en el sabor del plato final.

Hoy en día, además, como consumidores tenemos un compromiso muy importante: hemos de ser consumidores conscientes. Debemos informarnos sobre la procedencia de los alimentos que comemos, saber de dónde vienen, cuándo se recolectaron, cómo se han tratado, etc. Es nuestra responsabilidad y no hay que tener miedo de preguntar todas las veces que sea necesario.

En cambio, en mi opinión, debemos darles menos importancia a la cantidad y a las calorías de todo lo que comemos y regresar a lo natural e innato: comer de calidad, comer para disfrutar y sentirse bien.

COMER DE TEMPORADA

Si priorizamos los ingredientes de calidad, es importante escogerlos también de temporada. Si vamos a utilizar pocos ingredientes en nuestras recetas, que estos también sepan a lo que tienen que saber, que su textura sea la adecuada y que su punto de maduración sea el óptimo.

De este modo, no solo lograremos mejorar el sabor de nuestros platos, sino que también consumiremos de una forma beneficiosa para nuestro organismo, nuestro bolsillo y más coherente con el medioambiente. Por lo tanto, ¡todo ventajas!

Si vas a hacer una ensalada con tomates, en la que estos sean el ingrediente principal, no tiene ningún sentido prepararla en invierno, época del año en la que son completamente insípidos. Si lo haces así, tu plato pasará totalmente inadvertido.

A continuación, adjunto una lista con las frutas y verduras de cada temporada. Seguro que, con el tiempo, no tendrás ni que pensar en ello, ya que el gesto de consumir según la estación del año será innato para ti.

PRIMAVERA

VERDURAS	FRUTAS
guisantes, judías verdes, rábanos, calabacines, espárragos, alcachofas, acelgas	fresas, frambuesas, nectarinas, arándanos, cerezas, albaricoques, ciruelas

VERANO

VERDURAS	FRUTAS
tomates, berenjenas, pepinos, pimientos, calabazas, calabacines, judías verdes	melocotones, sandías, melones, nectarinas, arándanos, paraguayos, albaricoques, ciruelas, frambuesas, brevas

OTOÑO

VERDURAS	FRUTAS
calabazas, boniatos, champiñones, coles, kale, acelgas, puerros, espinacas, coliflores, brócolis, apios	manzanas, granadas, peras, uvas, higos, kiwis, aguacates, limones, naranjas

INVIERNO

VERDURAS	FRUTAS
calabazas, coles, boniatos, endivias, kale, espinacas, brócolis, coliflores, coles de Bruselas, apios, apios rábano, repollos	granadas, mangos, peras, manzanas, naranjas, pomelos, kakis, aguacates, kiwis, limones, mandarinas

TODO EL AÑO

VERDURAS	FRUTAS
cebollas, ajos, patatas, remolachas, zanahorias, hinojo	plátanos

INGREDIENTES SALVAVIDAS

Hay ingredientes que es imprescindible que tengas en tu nevera, despensa o congelador, y que te ayudarán a preparar un plato en poco tiempo, salvarlo o mejorarlo. Si los combinas, crearán un plato distinto, exquisito y, siempre, simple.

INGREDIENTES FRESCOS (más allá, claro, de las frutas y verduras de temporada)

Limón

En zumo o en ralladura, es, muchas veces, el toque final que necesita un plato.

Ajo

Potencia el sabor de cremas y salsas.

Pan

Un buen pan de calidad, de harinas no refinadas, levadura madre o de fermentación lenta siempre es bienvenido. Puedes preparar sándwiches, tostadas, torrijas o *croutons* con los restos. Busca harinas de espelta, centeno o trigo sarraceno, por ejemplo.

Hierbas

El aporte de las hierbas frescas puede ser sutil, pero mejora notablemente un plato. Existen muchísimas, aunque mis favoritas son el eneldo, la albahaca, el cebollino y el perejil rizado.

Consejos *simply*

Aprende a conservarlas bien. Para ello:

- Límpialas cuando llegues del mercado. No solo estarán listas para su consumo, sino que aguantarán mejor y más días. Podrás decorar un plato en un momento añadiendo color, sabor y textura.
- Corta los tallos de abajo, los que se vean feos, con un cuchillo o unas tijeras. Los tallos recién cortados hacen que las hierbas frescas absorban mucho más el agua. Si están bonitas, tu plato final también lo estará.
- Lávalas con agua hasta que esta salga limpia.
- Sécalas bien con papel de cocina o con un paño.
- Pon las hierbas frescas enrolladas en papel de cocina, en un paño de cocina o en las VejiBag. Duran mucho más en la nevera.
- Pon en un vaso alto o tarro con agua las hierbas frescas menos delicadas, como el perejil. Lo que yo suelo hacer es cambiarle el agua cada día, vigilando que esta no toque las hojas; así te durarán toda la semana, decorarán la cocina y seguro que las usarás más en tus recetas. Además del perejil, hago lo mismo con el apio y los espárragos; sí, tengo mi pequeño jardín botánico en la cocina.

INGREDIENTES EN LA NEVERA

Tofu

En casa no lo consumimos todas las semanas, pero a mis hijos les encanta. Escógelo orgánico, aprende a cocinarlo y puedes usarlo como *topping* en cremas, salsas o como acompañamiento crujiente en un plato.

Yogur griego

Puedes comerlo a la hora de desayunar o utilizarlo para salsas, para dipear y para hacer labneh. Mira bien la etiqueta para comprobar que no tenga ningún azúcar añadido (tampoco se lo añadas tú). Lo mejor es que sea de procedencia ecológica.

Parmesano

Además de aportar el sabor umami (del que hablaremos más adelante), da el toque final a ensaladas, pastas y verduras hervidas, como el brócoli, por ejemplo.

Mantequilla orgánica

Es totalmente opcional, pero la mantequilla de calidad nunca falta en casa. Va genial para servir sobre el *porridge* o para cocinar champiñones y huevos. Es un básico.

Miso

Para hacer sopas, crear salsas o añadir como condimento en cremas. El miso también aporta un sabor umami que a todos nos encanta. Recuerda que, cuando lo uses, no debe hervir o perderá sus propiedades.

Sauerkraut o chucrut

Lo mejor es que sea casero, aunque se puede comprar. Protege la flora intestinal y crea un buen contraste de sabores en los platos. Combínalo en ensaladas, bocadillos o como *topping* de sopas y cremas.

Pesto

De nuevo, mejor casero que comprado. El pesto es la salsa salvavidas por excelencia. Para rellenar crepes o pastas, hacer salsas... Nunca falla y les gusta a todos.

INGREDIENTES EN LA DESPENSA

Sal

Escoge siempre sal de calidad, nunca de mesa. Y no tengas miedo de usarla también en recetas dulces, sobre todo combinada con chocolate o en compotas.

Aceite de oliva

Un buen aceite de oliva hace una gran diferencia; en ensaladas, vinagretas o simplemente encima de un buen tomate. Recuerda guardarlo fuera de la luz directa.

Tahini

Soy megafán del tahini y lo uso muchísimo. Para hacer salsas, *dips,* para preparar hummus... Lo guardo fuera de la nevera para que mantenga su textura líquida. Busca un tahini que esté hecho de semillas de sésamo y sal solamente, y que tenga esta textura líquida.

Salsa de tomate

Te puede salvar de más de un apuro y con ella puedes crear cremas, sopas y guisos en muy poco tiempo. Procura que no lleve conservantes, aditivos o azúcares innecesarios. Viene muy bien tenerla, además, cuando no es temporada de tomates.

Legumbres cocidas

Son un salvavidas que siempre hay que tener a mano; fantásticas para poder preparar un plato, guiso o hummus en 10 minutos.

Alcaparras

Quedan muy bien añadidas en salsas y pastas; aportan ese toque especial salado y amargo a la vez.

Olivas

Hay que tenerlas siempre; aportan saciedad y combinan genial en ensaladas, con cereales o mezcladas en salsas. Escógelas de calidad y sabrosas. Las kalamatas son unas de mis favoritas.

Dátiles y pasas

Tanto en platos dulces como en salados, pueden contrarrestar sabores amargos o demasiado fuertes. Puedes añadirlos en el pesto de kale, por ejemplo.

Pasta

Sin gluten; de arroz, de espelta o de garbanzos, por ejemplo. Escógela de calidad y ten siempre algún paquete a mano en la despensa. No hay nada más reconfortante que prepararse un buen plato de pasta un viernes o domingo por la noche.

Especias

Hay miles de especias, ve probándolas y jugando con ellas, pero intenta tener siempre curry, comino, cúrcuma, jengibre, cardamomo, canela, tomillo y romero. Te proporcionarán un estupendo abanico de sabores en la cocina.

Compota de manzana
Casera o comprada; es muy práctico tenerla para los desayunos, para las jarritas con yogur o para usarla en repostería vegana como sustituto del huevo.

Wraps
De espelta o sarraceno, por ejemplo. Son un recurso muy socorrido, sobre todo para rellenarlos de verduras asadas, lentejas y queso feta. Yo los relleno de lo que sea: ¡mis hijos se lo comen todo si está envuelto en un *wrap*!

Copos de avena
Para hacer harina, panes, *porridge*, granola... Los copos son muy versátiles en la cocina. Si eres celíaco, escógelos certificados sin gluten.

Mantequillas de frutos secos
Son fáciles de hacer y muy versátiles. Se pueden comer a la hora del desayuno, como acompañamiento sobre *porridges* o yogures, y para hacer salsas dulces o saladas.

Levadura nutricional
Es un superalimento. Yo lo uso sobre todo para hacer pestos veganos o de *topping* en las cremas. A mis hijos les encanta. Sobre tostadas con aguacate también queda genial.

Tamari
Es salsa de soja sin refinar y sin gluten. Ten siempre a mano tamari para crear salsas más sabrosas, saltear verduras, arroces o hacer sopa de miso.

Mostaza
Para hacer vinagretas, salsas o añadirla a *frittatas*; siempre es bueno tener una mostaza de calidad.

INGREDIENTES CONGELADOS

Siempre viene bien tener verduras y frutas orgánicas congeladas. No se trata de sustituir toda la comida fresca por congelada, pero sí es adecuado tener algunos ingredientes que puedan salvarnos parte de una comida en un momento de apuro. Las frutas y verduras congeladas suelen ser baratas y se han recolectado en su punto óptimo de maduración.

Frutos rojos

Para hacer mermeladas y añadir a batidos nunca fallan.

Guisantes

Para preparar una riquísima crema de guisantes en 10 minutos. Son un básico. Cuando sea la temporada, procura tenerlos frescos, pero también es cierto que si los tienes congelados, te ahorras el tiempo de pelarlos.

Coliflor y brócoli

Para hacer cremas o añadir a batidos; es superpráctico tener siempre en el congelador.

Plátano

Para batidos y helados; cómpralos maduros, pélalos, córtalos en rodajas y guárdalos en un táper en el congelador.

BUSCA EL SABOR UMAMI

Dicen que el quinto sabor es el umami, el que provoca placer. Umami, en japonés, significa «sabroso», y es uno de los cinco sabores básicos junto con el dulce, el ácido, el amargo y el salado. En Japón se refieren a él cuando un alimento les resulta delicioso.

Así pues, si con pocos ingredientes quieres impresionar a alguien y que el plato quede espectacular, hay que tenerlo muy en cuenta, y algunos alimentos lo tienen de por sí.

Los productos ricos en glutamato de manera natural son los que presumen de tener ese umami:

- el queso parmesano
- la pasta miso
- el tamari, la salsa de soja no refinada
- las olivas
- las setas shiitake
- los tomates secos y maduros
- las frutas maduras
- algunos encurtidos y fermentados

Aparte de transmitir esa sensación tan increíble al degustarlos, también ayudan a que los no vegetarianos se animen a probar y se sientan saciados con recetas basadas en vegetales.

COMBINACIONES INFALIBLES

La naturaleza es sabia y sabe lo que combina bien; por este motivo, si vas a usar poquitos ingredientes, de temporada y de calidad, como comentábamos, intenta hacer composiciones con garbo para crear sabores únicos.

Te darás cuenta de que, además, los productos de la misma temporada suelen combinar muy bien juntos. Aplica una mezcla de intuición y sentido común.

Algunos ejemplos:

- chocolate y sal
- chocolate y aceite de oliva
- chocolate y jengibre
- chocolate y mantequilla de cacahuete
- chocolate y tahini
- chocolate y café
- limón y hierbas frescas
- limón y tahini
- mango y coco
- calabaza y manzana
- calabaza y canela
- salvia y mantequilla
- salvia y calabaza
- salvia y champiñones
- salvia y huevos
- berenjena y granada
- berenjena y tahini
- huevos y cebollino
- plátano y mantequilla de cacahuete
- guisantes y ralladura de limón
- zanahoria y jengibre
- zanahoria y curry
- mostaza y miel
- kale y champiñones
- kale y pecorino
- fresas y chocolate
- fresas y tahini
- radicchio y cítricos
- brócoli y limón
- brócoli y parmesano
- champiñones y mantequilla
- aguacate y cacao
- aguacate y lima
- aguacate y cilantro
- pepino y yogur
- remolacha y tahini
- albahaca y tomate
- albahaca y piñones
- boniato y canela
- boniato y granada
- boniato y queso feta
- hinojo y cítricos
- hinojo y eneldo
- parmesano y rúcula
- feta y olivas

TRUCOS Y TÉCNICAS

Hay trucos y técnicas de cocina que, por muy obvios que sean, es bueno recordarlos para poder aprovechar al máximo los pocos ingredientes que vas a usar en las recetas y potenciar su sabor.

1. Usa ingredientes lo más frescos posible, porque, lógicamente, tienen más sabor cuanto más frescos son. Otra opción es aprender a conservarlos de forma óptima.

   Consejos *simply*
   Sobre cómo conservar ingredientes frescos (además de las hierbas):

   - Limpia y guarda las verduras de hoja verde —son las más delicadas— en bolsas especiales para ello o en paños de algodón.
   - Pela y corta las zanahorias en tiras y guárdalas en un tarro con agua, para que se conserven mejor.
   - Corta la parte inferior del tallo de los espárragos y del apio, y ponlos en un tarro con agua.
   - Las frutas, a menos que sean tan delicadas como los arándanos o las frambuesas, es mejor guardarlas fuera de la nevera.
   - Las legumbres, una vez cocidas, puedes guardarlas en tarros con agua, para que se conserven mejor.

- Siempre, fíjate en lo que vayas a utilizar y consumir primero durante la semana.

2. Como dije antes, es importante pensar en las combinaciones de ingredientes que funcionan bien. De este modo, tendrás media receta ya lograda.
3. Caramelizar las verduras ayuda a potenciar su sabor. Con las frutas también funciona. Se llama reacción de Maillard. Se trata de una reacción química que se produce entre las proteínas y los azúcares presentes en algunos alimentos cuando estos se cocinan. Esta reacción es la responsable de que los sabores se potencien a veces al hornear.
4. No cocines demasiado los ingredientes: pierden nutrientes, color y sabor. Los guisantes, el brócoli, las judías verdes y la coliflor tienen suficiente con 4-6 minutos de cocción. De lo contrario, se vuelven algo insípidos y pierden su color tan vivo.
5. Mola cuando en un plato tienes diferentes texturas. Así pues, juega con ellas. Hazlo con un mismo ingrediente o con varios. Hay que buscar el contraste, que el paladar se sorprenda y quiera más.
6. Usa la mandolina y podrás crear platos completamente distintos con un mismo ingrediente. Según cortes las frutas y las verduras, saben de una forma u otra; es como si redescubrieras ese ingrediente.
7. Usa especias como la canela, el comino, el curry, la cúrcuma, el cardamomo, etc. No tengas reparos, empieza poco a poco y descubre tus favoritas. Utilízalas tanto en platos salados como en dulces. Las especias son unos ingredientes que hay que tener muy en cuenta, ya que a veces realzan el sabor natural de un alimento.
8. Lo mismo ocurre con las hierbas frescas. Yo soy megafán de todas ellas y te recomiendo usarlas en tus recetas. Un toque de albahaca, un toque de cilantro, de eneldo, de cebollino... te proporcionarán, muchas veces, el toque final que un plato necesita.

UTENSILIOS BÁSICOS

Hay que sacarles el máximo partido a los seis ingredientes que vamos a emplear y, para ello, nos ayudaremos de unos buenos utensilios. No hace falta volverse loco y comprar todos los *gadgets* existentes en el mercado. Tienes que pensar, primero, en si realmente vas a utilizarlos. Luego, en función del presupuesto que tengas, escoge unos de calidad.

Cuchillos afiliados
Por lo menos, te recomiendo tener dos de tamaños diferentes: para verduras y frutas pequeñas, uno pequeño, y otro más grande para picar y para el día a día. Escoge cuchillos de calidad, verás como te cambia la vida en la cocina.

Mandolina
Para crear esas texturas y contrastes de los que hablábamos antes, hazte con una mandolina básica. No ocupa mucho espacio, es barata y verás que en cuanto empieces a cortar verduras y hortalizas con ella, no dejarás de usarla.

Pelador en juliana
Igual que la mandolina, sirve para crear diferentes texturas con las verduras, para rellenar rollitos o hacer ensaladas tipo *slaw*. Es superpráctico y no es nada caro.

Batidora
Siempre lo digo: si tienes que invertir en un solo utensilio, hazlo en una buena batidora. Podrás hacer leches vegetales, cremas, batidos, salsas, mantequilla de frutos secos, pestos y mucho más. Eso sí, debe tener un motor potente, por lo menos de 1 000 W.

Procesadora de alimentos
Es un extra, pero para hacer mantequilla de frutos secos, crear masa de albóndigas o hamburguesas vegetales, picar, trocear, etc., es muy útil. Es importante también que sea potente. Yo tengo un Magimix® que me encanta.

Rallador
Para rallar limón, naranja, chocolate, jengibre, ajo, etc., no falla. Hazte con un buen rallador, tipo Microplane®.

Microplane

NIÑOS: HAZLO FÁCIL PARA TODOS

Todos sabemos lo frustrante y difícil que puede llegar a ser preparar las cenas de los peques con las prisas del día a día. Me gustaría contribuir, aunque fuera solo un poco, a hacerte la vida más fácil, sobre todo en las cenas de los días de diario. Para mí sería todo un logro.

Si las recetas son simples, los niños pueden ayudar, aunque sea adaptando un poco los pasos de las elaboraciones a las edades que tengan. Si los ingredientes son pocos, será más fácil para ti la preparación y, además, ellos notarán mucho más el sabor de cada ingrediente. Cuánto más se implica un niño en la elaboración de un plato, más probable es que quiera probarlo y comérselo.

Y si consigues que algunas de las recetas que hay aquí se conviertan en las favoritas de tus hijos, entonces habremos dado con la clave de este libro y habrá cumplido su propósito. Me encantaría que con estas recetas simples pudieras crear esos momentos especiales y compartidos alrededor de una mesa con tus hijos.

MÁS ALLÁ DE LA COMIDA

Con este miniapartado, quiero recalcar, una vez más, lo que he mencionado al principio de esta introducción, porque me parece fundamental: la importancia de disfrutar del momento.

De disfrutar de la compañía, de recibir gente, de pasar un buen rato y de compartir la comida. A veces nos obsesionamos con la receta, la compra, la elaboración, nos complicamos la vida y nos olvidamos de lo esencial, el deleitarse con el acto de comer en sí y todo lo que gira a su alrededor.

Si las recetas que tienes que preparar son simples, seguro que podrás centrarte en lo que de verdad importa: estar presente.

RECETAS

EMPEZAR EL DÍA

RED VELVET PANCAKES

10 minutos

20 *pancakes*

Es difícil pensar en desayunos y no asociarlos a *pancakes*. Esta receta fue el resultado de una casualidad. Quería customizar mi receta de *banana pancake* añadiendo, esta vez, verduras y color. El resultado: unos *pancakes* rosas de remolacha, con un toque de chocolate en esta ocasión.

2 huevos medianos
2 plátanos maduros
1 remolacha pequeña cruda
1 ¼ de cup o 125 g de copos de avena
¼ de cup o 60 ml de leche de avena
75 g de chocolate negro troceado

Menos el chocolate, tritura todos los ingredientes en tu batidora junto con una pizca de sal y 1 cucharadita de levadura. Luego, añade los trozos de chocolate y mézclalo a mano.

En una sartén antiadherente, calienta un poquito de aceite de oliva o coco. Añade 3 o 4 cucharadas de masa para cada *pancake*. Cuando aparezcan burbujitas, dale la vuelta y cocina 1 minuto más.

Repite hasta agotar la masa y baja un poco el fuego para el resto de los *pancakes*. Sirve con yogur y fruta.

ARROZ CON LECHE Y MANGO

5 minutos

2 personas

Es posible hacer un arroz con leche sin cocinar; para ello, debes utilizar arroz inflado. Te aconsejo que tengas en tu despensa, desde ya, arroz, mijo y quinoa inflados: son un salvavidas a la hora de preparar desayunos y snacks. Verás que los ingredientes no necesitan que los endulces.

Este arroz con leche es diferente del original, pero más rápido de hacer, y queda delicioso.

1 mango cortado en dados
1 cucharadita de jengibre fresco rallado
1 cucharadita de sirope de arce
1 ½ cup o 375 g de yogur griego sin endulzar
1 cup o 25 g de arroz inflado
1 cucharada de semillas de sésamo negro

Una vez que tengas el mango cortado en dados, ponlo en un bol junto con el jengibre, el sirope y el zumo de ½ limón. Mezcla y reserva.

Luego, mezcla el yogur con el arroz inflado. Sírvelo en boles y coloca el mango macerado encima. Espolvorea con semillas de sésamo, para más contraste de color.

SWEET MIJO

 **8 minutos**

 **2 personas**

El mijo, ese querido pseudocereal rico en proteínas, menos conocido que la quinoa y que, a veces, cuesta cocinar. Para que puedas incorporarlo a tu alimentación de forma sencilla, te propongo molerlo en harina y tomarlo en versión *porridge*. Servido con ciruelas y pera, es un desayuno perfecto para el otoño.

½ cup o 100 g de mijo molido
1 cup o 250 ml de zumo de naranja
1 ⅓ cup o 330 ml de leche vegetal
½ + ½ cucharaditas de canela en polvo
1 pera cortada en trozos
2-3 ciruelas cortadas en trozos

Pon el mijo en una batidora y procésalo hasta obtener textura de harina. Puedes limpiarlo antes, pero debes secarlo bien para poder hacer la harina.

Ponlo en una olla junto con el zumo de naranja, la leche, ½ cucharadita de sal y ½ de canela en polvo.

Mezcla a fuego medio hasta que empiece a espesarse, que quede similar a la textura de la polenta cocida. Aparta del fuego y mezcla otra vez. Si sigues cocinándolo, puede espesarse bastante más.

Saltea la pera y las ciruelas cortadas en una sartén con 1 cucharada de agua, el zumo de ½ limón y otra ½ cucharadita de canela en polvo.

Sirve el mijo en boles y añade encima la fruta salteada.

Para evitar que el *porridge* quede seco, añade un pelín de leche vegetal en el momento de servir.

CREMA BUDWIG

 **5 minutos**

2 personas

Esta crema la ideó la doctora Catherine Kousmine, que quiso crear un desayuno saludable y, al mismo tiempo, saciante.

Mi versión no tiene tantos pasos como la receta original y, además, intenta recordar la que mi madre nos preparaba de pequeños. Es tan fácil como mezclar plátano machacado con yogur y, en este caso, con otros superalimentos como la linaza, el zumo de limón y la avena.

4 cucharadas de copos de avena molidos (o de quinoa, mijo o trigo sarraceno)
4 cucharadas de semillas de girasol molidas (o avellanas)
1 plátano maduro machacado
1 ½ cup o 375 g de yogur (o leche vegetal)
2 cucharaditas de aceite de lino
½ cucharadita de canela en polvo

Primero, tritura los copos de avena y las semillas de girasol hasta obtener harina.

Ponlo en un bol, añade el plátano y mezcla. Incorpora el yogur, el aceite de lino, el zumo de ½ limón y la canela en polvo, y vuelve a mezclar.

Sirve con fruta fresca, como rodajas de plátano, y un pelín de sirope de dátil por encima, si quieres.

GRANOLA 6 INGREDIENTES

40 minutos

tarro grande

En mi opinión, junto con el *porridge*, la granola es uno de los desayunos más molones y reconfortantes que hay.

Si es casera y bien crujiente, mejor. Y si además lleva 6 ingredientes, pues ya lo bordamos.

Además, combina genial con lácteos y fruta.

¼ cup o 60 ml de tahini blanco
⅔ cup o 160 ml de sirope de arce
1 cucharadita de cardamomo molido
1 ½ cup o 250 g de semillas de sarraceno
¾ cup o 80 g de copos de avena
1 cup o 75 g de almendras laminadas

Enciende el horno a 160°C y prepara una bandeja con papel para hornear.

En un bol grande, mezcla bien el tahini con el sirope de arce, ¾ cucharadita de sal y el cardamomo molido, hasta tener una mezcla homogénea.

Añade las semillas de sarraceno, los copos de avena y las almendras laminadas.

Mezcla todo bien y reparte sobre la bandeja de horno de forma homogénea.

Hornea unos 35 minutos.

Saca la granola del horno y no la toques hasta que esté bien enfriada.

Guárdala en tarros herméticos. Dura unas 2 semanas.

Sirve con yogur o bebida vegetal y tu fruta de temporada favorita.

CHOCO RICE KRISPIES

30 minutos

4 cups

Sí, de pequeña he tomado unos cuantos boles de los muy famosos y no tan sanos Choco Krispies®, esos que hacían ruiditos cuando los mojabas en la leche. Pues bien, aquí comparto una versión simple y mucho más saludable para el desayuno de toda la familia.

Guárdalos en un tarro hermético, en tu despensa, y lejos de la luz.

4 cups o 100 g de arroz inflado
3 cucharadas de aceite de coco derretido
3 cucharadas de sirope de arce
3 cucharadas de cacao en polvo

Enciende el horno a 150 °C y prepara una bandeja con papel de hornear. Aparte, pon el arroz inflado en un bol grande.

En un bol más pequeño, mezcla el aceite de coco, el sirope de arce y el cacao en polvo hasta obtener una mezcla homogénea, y viértela encima del bol con el arroz inflado. Remueve bien para que todo quede impregnado de salsa de cacao.

Ahora espárcelo todo sobre la bandeja del horno, alisando la preparación. Hornea unos 20-25 minutos.

Deja enfriar y guarda en un tarro hermético.

Se puede servir con fruta fresca de temporada y yogur o leche vegetal.

CARROT CAKE PORRIDGE

6 minutos

 4 personas

Podría desayunar *porridge* «casi» todos los días; por eso vuelvo a incluir un par de recetas en este libro, una hecha con mijo y, la otra, un clásico con copos de avena al estilo *carrot cake.*

Siempre busco la forma de incluir verduras en los desayunos y snacks de mis hijos, y esta es una manera fácil y deliciosa.

1 cup o 100 g de copos de avena
1 cup o 250 ml de zumo de manzana (o agua)
2 cups o 500 ml de leche vegetal
1 zanahoria rallada finamente
1 + 1 cucharaditas de canela
1 manzana cortada en daditos

En una olla, pon los copos de avena, el zumo de manzana, la leche vegetal, la zanahoria, una pizca de sal y 1 cucharadita de canela.

Con una espátula de madera, mezcla a fuego medio unos 5 minutos o hasta que los copos de avena estén cocinados.

Sirve en boles, agrega un poco más de leche vegetal y añade la manzana cortada en daditos, un poco más de canela y, si quieres, un pelín de sirope de arce por encima.

SCONES DE AVENA

25 minutos

9 *scones*

De pequeña, en Bélgica, solíamos desayunar *pistolets*, unos panecillos típicos de allí, redondos y esponjosos. Suelen comerse con mantequilla, mermelada y queso gouda.

A día de hoy, ¡sigue encantándome esta combinación! Así que he creado unos *scones* a base de copos de avena, parecidos a los que tomaba de niña.

1 ½ cup o 150 g de copos de avena
1 cup o 140 g de harina de trigo sarraceno
1 cucharada de arrurruz
75 g de mantequilla orgánica en daditos
1 cup o 250 g de yogur orgánico

Enciende el horno a 200 °C, prepara una bandeja con papel de hornear y ponla en el horno, para que se caliente.

En un procesador, pon los copos de avena, la harina de trigo sarraceno, el arrurruz, 1 cucharada sopera de levadura y 1 cucharadita de sal. Tritura hasta obtener textura de harina y añade la mantequilla fría en dados.

Ahora, procesa hasta obtener la textura de un *crumble*, arenosa y con grumitos, y añade el yogur. Tritura un poco más, pero no te pases.

Sobre una superficie enharinada, forma un cuadrado de 15 cm. Con un cuchillo afilado, corta en 9 *scones*. Ponlos sobre la bandeja y hornea unos 16-18 minutos o hasta que estén dorados.

Deja enfriar sobre una rejilla. Sirve con mantequilla, mermelada de albaricoques y queso gouda, como yo solía hacerlo.

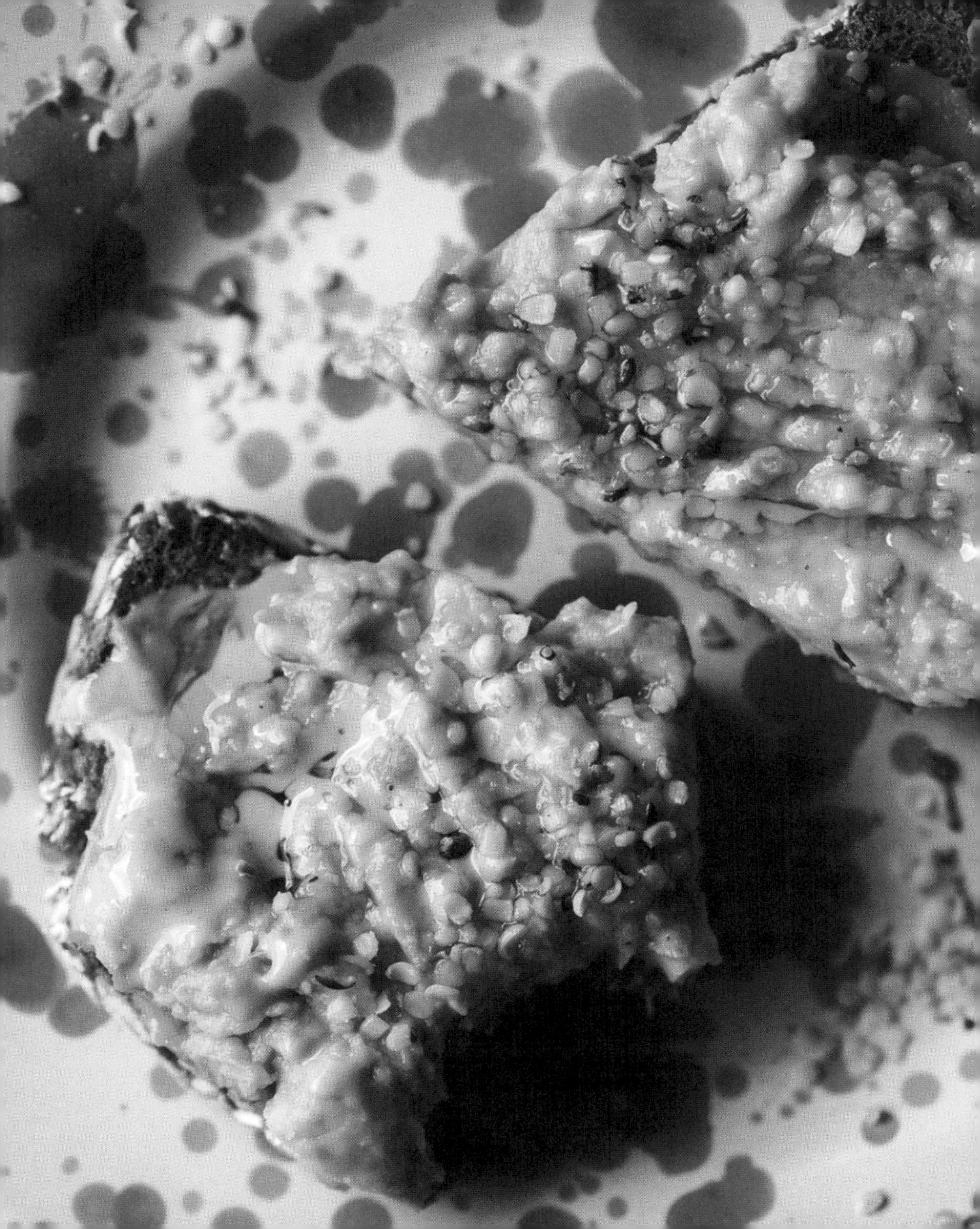

TOSTADA DE AGUACATE Y MANTEQUILLA DE CACAHUETE

3 minutos

1 persona

Sé lo que piensas: que el aguacate y la mantequilla de cacahuete son 2 ingredientes que no «casan» bien de por sí. Pero en esta tostada, te aseguro que combinan de maravilla. Te aconsejo que busques un tahini líquido, para decorar.

1 tostada de pan de calidad
1 cucharada de mantequilla de cacahuete
1 aguacate machacado
1 cucharadita de semillas de cáñamo
1 cucharada de tahini líquido

Tuesta el pan y úntalo con la mantequilla de cacahuete.

En un bol, machaca el aguacate con un poco de zumo de limón y espárcelo sobre la tostada de manera homogénea.

Por encima, añade semillas de cáñamo, tahini y una pizca de sal. ¡Y listo!

Acompáñala con la *golden milk* (ver página 91).

GOFRES DE PLÁTANO

10 minutos

4 gofres

Los gofres y las crepes son desayunos y meriendas que todos hemos comido de pequeños. Esta versión de gofres solo tiene 6 ingredientes, está endulzada con plátano y sirope de arce y es muy fácil de hacer. Seguro que tienes todos los componentes en tu cocina.

1 ½ cup o 150 g de copos de avena
1 plátano maduro (cuanto más maduro, más dulce)
1 huevo
¾ de cup o 180 ml de leche vegetal
2 cucharadas de sirope de arce y un poco más para servir
aceite de coco

Pon todos los ingredientes en tu batidora con 2 cucharadas de aceite de oliva, 2 cucharaditas de levadura y ½ cucharadita de sal, y tritúralos hasta obtener una textura sin grumos.

Calienta la gofrera, úntala con un poco de aceite de coco y vierte ⅓ de cup u 80 ml de masa por cada gofre. Cocina unos 2-3 minutos.

Sirve con fresas, sirope de arce y semillas de cáñamo.

POMELO GRATINADO

10 minutos

4 personas

Soy fan de los cítricos y en invierno me encanta prepararme este sencillo desayuno. Caramelizo y gratino el pomelo, y lo sirvo con yogur. A veces, añado granola o cacao *nibs*.

4 pomelos rosas abiertos por la mitad a lo largo
4-6 cucharadas de azúcar de coco
yogur griego
1 + 1 cucharaditas de canela en polvo

Enciende el grill del horno.

Corta un poco la parte inferior de los pomelos para que aguanten rectos sobre la bandeja del horno, donde los colocarás bocarriba.

En un bol pequeño, mezcla el azúcar de coco con 1 cucharadita de canela en polvo y una pizca de sal, y espárcelo sobre los pomelos de manera homogénea. Hornea unos 8 minutos o hasta que estén caramelizados.

Mezcla un poco de yogur con otra cucharadita de canela en polvo.

Sirve los pomelos con un poco de yogur y granola por encima, si quieres.

PUDIN DE CHÍA Y CACAO CON PLÁTANO CARAMELIZADO

 **8 minutos**

 **4 personas**

Para algunos, el pudin de chía puede resultar algo «soso». Pero si le añades especias y algún extra más, quedará un desayuno *deluxe*.

En este caso, lleva cacao en polvo y se sirve con plátano caramelizado y sirope de dátil.

¿Desayunamos?

6 cucharadas de semillas de chía
3 cucharadas de cacao
2 cups o 500 ml de leche vegetal
2 plátanos
1 cucharada de aceite de coco
3 cucharadas de sirope de dátil

Mezcla en un bol las semillas de chía con el cacao y la leche vegetal. Deja reposar unos minutos. Pasados esos minutos, vuelve a mezclar hasta que obtengas una textura de gel y reserva.

Corta los plátanos en rodajas y dóralos en una sartén antiadherente con el aceite de coco; unos 2 minutos por cada lado, hasta que estén ligeramente caramelizados.

Sirve el pudin de chía y cacao en un bol con las rodajas de plátano caramelizado y sirope de dátil por encima.

SNACKS Y BEBIDAS

SIMPLE BANANA SPLIT

6 minutos

 **2 personas**

El efecto *Maillard* se activa cuando se caramelizan, por ejemplo, unos plátanos. Se potencia el gusto y todo sabe mejor.

Esta es mi versión del *banana split*: con plátanos ligeramente caramelizados y servido con yogur griego en forma de bola de helado, chocolate fundido y cacahuetes. No falla.

Importante: escoge los plátanos maduros, pero no demasiado, ya que, si no, no se mantendrá la forma.

1 cucharada de aceite de coco
2 plátanos cortados en dos
½ + ½ cucharaditas de canela en polvo
1 cup o 250 g de yogur griego
60 g de chocolate negro fundido al baño maría
⅓ de cup o 50 g de cacahuetes tostados y troceados

Calienta el aceite de coco en una sartén antiadherente a fuego medio. Añade los plátanos cortados en dos a lo largo, ½ cucharadita de canela en polvo y carameliza cada lado durante 1-2 minutos.

En dos platos, coloca con cuidado cada plátano cortado en dos. Con una cuchara para helados, coge 2 bolas de yogur griego y disponlas sobre los plátanos.

Agrega un poquito de chocolate fundido, ½ cucharadita más de canela en polvo y unos cuantos cacahuetes tostados y troceados.

EL *CAKE* MÁS SIMPLE

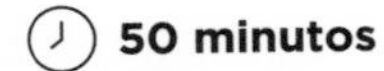
50 minutos

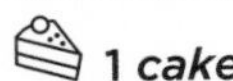
1 *cake*

Hay un famoso bizcocho llamado *quatre quarts* que mi madre solía preparar. Se llama así por las proporciones de los cuatro ingredientes básicos que lleva: harina, huevos, azúcar y yogur. Es un pastel muy versátil, ya que puedes añadirle fruta de temporada, ralladura de limón o tus especias favoritas.

Esta versión es sin gluten y la sirvo con pistachos por encima. Puedes hacer la opción básica o incorporarle fruta de temporada.

½ cup o 125 ml de yogur orgánico sin endulzar
¾ de cup o 110 g de azúcar de coco o panela
3 huevos
1 cup o 100 g de harina de avena sin gluten
¾ de cup u 80 g de harina de almendras
½ cucharadita de bicarbonato de sodio

Opcionalmente: fruta de temporada (albaricoques, por ejemplo) y pistachos troceados

Precalienta el horno a 180 °C y prepara un molde redondo de unos 24 cm de diámetro con papel de hornear o untándolo con aceite de coco.

En un bol grande, bate el yogur, el azúcar de coco y los huevos con 125 ml de aceite de oliva.

Poco a poco, incorpora las harinas, bicarbonato de sodio, 1 ½ cucharadas de levadura y ½ de sal. Mezcla lo justo, hasta que esté todo combinado. Vierte la mezcla en el molde y alisa homogéneamente.

Como opción, puedes agregar fruta de temporada cortada o frutos secos troceados.

Hornea 45 minutos o hasta que esté hecho y dorado. Deja que se enfríe unos minutos antes de desmoldarlo.

BOMBONES DE DÁTILES

5 minutos

12 bombones

En Bélgica, hay unos caramelos llamados *Chokotoff*, una bomba de azúcar que se te pega entre los dientes y que no sabes muy bien cómo comer. Pero en cuanto acabas uno, quieres otro.

Esta es mi versión megasencilla y mucho más saludable, con dátiles rellenos de tahini y cubiertos de chocolate. Fácil: 4 ingredientes.

150 g de chocolate negro fundido al baño maría (75 % de cacao, mínimo)
12 dátiles deshuesados
24 cucharaditas de tahini blanco
sal Maldon

Funde el chocolate negro y ponlo en un bol de boca ancha. Sin abrirlos del todo, corta los dátiles y quítales el hueso. Rellena cada uno con 2 cucharaditas de tahini.

Sumerge cada dátil relleno en el bol de chocolate para cubrirlo por completo y luego colócalo sobre una bandeja y añade una pizca de sal por encima. Repite la misma operación con todos los dátiles.

Por último, congélalos por lo menos 30 minutos. Se deben conservar en el congelador y sacarlos unos minutos antes de consumirlos.

ENSALADA DE FRUTOS ROJOS Y JENGIBRE

10 minutos

 **4 personas**

Mi madre es la reina de recibir gente en casa. En verano siempre prepara enormes boles de ensaladas de frutos rojos servidas con nata casera o helado de vainilla.

Esta versión lleva cerezas y fresas combinadas con jengibre fresco rallado, zumo de naranja y vainilla. Es simple y delicada.

Se sirve en el momento con kéfir o yogur griego.

4 cups o 1 kg de cerezas deshuesadas y fresas cortadas (todas juntas y mezcladas)
1 ½ cucharaditas de jengibre fresco pelado y rallado (puedes añadir más si te gusta)
4 cucharadas de zumo de naranja
3 cucharadas de azúcar de coco
1 cucharadita de vainilla

Limpia con cuidado las cerezas y las fresas. Quítales el hueso a las cerezas y corta, tanto las cerezas como las fresas, en dos. Ponlas en un bol grande.

En un bol más pequeño, mezcla el jengibre, el zumo de naranja, el azúcar de coco, la vainilla y la ralladura de ½ limón.

Mezcla bien y viértelo sobre la fruta cortada.

Mézclalo todo con cuidado y sirve de inmediato.

POLENTA *FRIES*

4 horas

4 personas

Si todavía no has probado la polenta, te animo a hacerlo con esta receta. ¡Alucinarás cuando estés tomándote unas «patatas» horneadas crujientes y saludables! Pocos adivinarán que la base está hecha con este ingrediente.

1 ½ cup o 225 g de sémola de maíz para polenta
1 cup o 100 g de parmesano rallado
30 g de mantequilla orgánica

Lleva a ebullición 1 l de agua en una olla grande. Cuando hierva, pon la sémola poco a poco y ve mezclando hasta que esté hecha, unos 3-5 minutos.

Añade el parmesano, la mantequilla, ½ cucharadita de orégano, ½ cucharadita de sal y pimienta. Mezcla bien.

Prepara un molde cuadrado de unos 20 cm y úntalo con mantequilla en el fondo y por los lados. Vierte la polenta y alisa bien con una espátula. Guarda en la nevera durante unas 2-3 horas.

Pasado este tiempo, enciende el horno a 210 °C y prepara una bandeja con papel de hornear. Sobre una superficie que también habrás cubierto con papel de hornear, desmolda la polenta, córtala en filas y cada fila en trozos (patatas) del mismo tamaño.

Pon las «patatas» sobre la bandeja del horno y agrega un chorrito de aceite de oliva por encima.

Hornea unos 35 minutos o hasta que estén doradas. Sirve con salsa de tomate, salsa Ajvar o kétchup casero.

MANTEQUILLA DE RABANITOS

5 minutos

4 personas

Cuando hacía la cena, mi madre aprovechaba para darnos a mi hermano y a mí verduras crudas de diferentes formas. Recuerdo perfectamente que preparaba los rabanitos servidos con mantequilla y sal. ¡Y sí, nos encantaban!

Esta versión es un *snack* salado genial, una manera distinta de tomar rabanitos.

4-5 rabanitos rallados
60 g de mantequilla orgánica a temperatura ambiente
pan tostado de trigo sarraceno o centeno
sal tipo Maldon
cebollino picado

Limpia los rabanitos y, con un rallador, rállalos y escurre el excedente de líquido.

Pon la mantequilla en un bol y machácala con un tenedor.

Añade los rabanitos rallados y únelo todo hasta crear una mezcla.

Tuesta unas rebanadas de pan, unta un poco de mantequilla de rabanitos, agrega un poco de sal tipo Maldon, cebollino picado y una pizca de pimienta recién molida.

COOKIES VEGANAS DE MANTEQUILLA DE ALMENDRAS

20 minutos

10 *cookies*

Cookies. *Cookies*. ¡*Cookies*! Nunca hay demasiadas recetas de galletas. Aquí una versión simplificada de las famosas *cookies* de chocolate: veganas y sin gluten. El ingrediente estrella es la mantequilla de almendras.

1 cup o 250 g de mantequilla de almendras
⅔ de cup o 100 g de azúcar de coco
4 cucharadas de harina de almendras o de arroz
¼ de cup o 60 ml de leche vegetal
1 cucharadita de bicarbonato de sodio
100 g de chocolate negro troceado

Precalienta el horno a 180 °C y prepara una bandeja con papel de hornear. En un bol o procesadora, mezcla todos los ingredientes, excepto el chocolate, con el bicarbonato y, si lo deseas, 1 cucharadita de vainilla, hasta que quede una mezcla bien cremosa. Añade el chocolate y mezcla a mano.

Con una cuchara para helados o con las manos, haz bolitas de galleta —2 cucharadas de masa por galleta— y colócalas sobre la bandeja. Es importante mojarse las manos antes de hacer las bolas, para que no se te pegue la masa en las palmas y entre los dedos.

Incorpora una pizca de sal sobre cada una y aplástalas ligeramente.

Hornea unos 14 minutos y déjalas enfriar del todo para que se endurezcan.

SABLÉS

20 minutos

20 *sablés*

Esta es una versión sin gluten y más saludable que los típicos *sablés*, esas galletas francesas de mantequilla que suelen acompañar el té de la tarde.

Se puede sustituir la mantequilla por aceite de coco solidificado: lo dejas en la nevera y luego lo usas igual que si fuera mantequilla.

1 cup o 100 g de copos de avena
1 cup o 140 g de harina de trigo sarraceno
120 g de mantequilla fría cortada en cubitos (o aceite de coco frío)
¼ cucharadita de bicarbonato de sodio
2 cucharadas de sirope de arce
1 huevo

En una procesadora, pon los copos de avena, la harina de trigo sarraceno, la mantequilla, ½ cucharadita de sal y una pizca de bicarbonato de sodio. Procesa hasta obtener una textura arenosa y con grumos.

Añade el sirope de arce y el huevo. Vuelve a procesar hasta obtener una bola y deja reposar la masa en la nevera unos 15 minutos. Enciende el horno a 190 °C.

Sobre una superficie enharinada, amasa la masa y haz las galletas en forma de círculo, con un molde o bien con un vaso. Ponlas sobre una bandeja con papel de hornear y hornéalas unos 14 minutos.

Deja enfriar sobre una rejilla y sirve con algo dulce o salado.

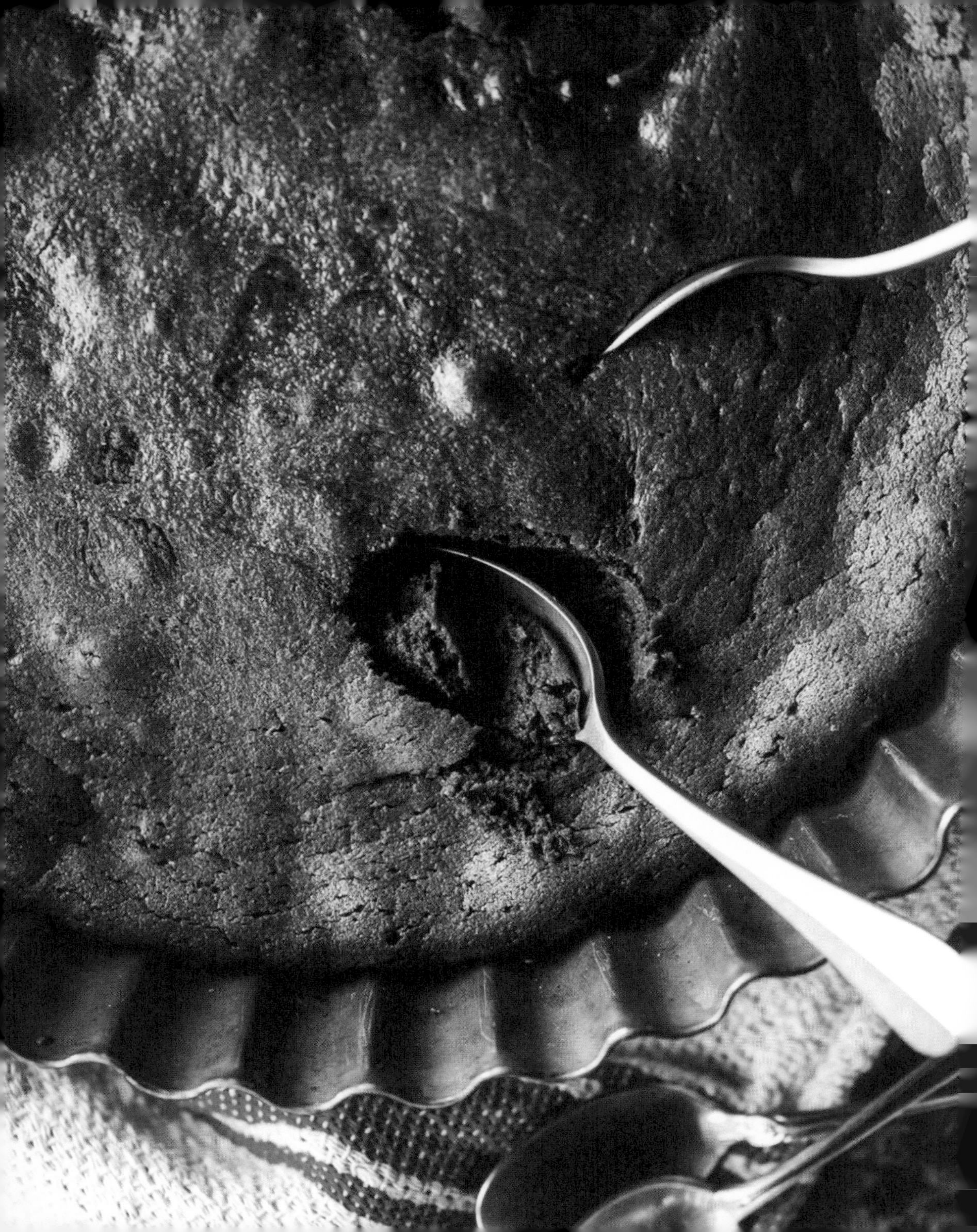

PASTEL DE CHOCOLATE SIN HARINA

 **25 minutos**

 **6 personas**

El otro pastel de mi infancia, aparte del *quatre quarts*, es el de chocolate que hacía mi madre. Fino, delicado y un pelín crudito por dentro. Se sirve con nata casera, helado de vainilla o yogur.

He hecho una versión sin harinas que se sirve directamente del molde porque así se come y se disfruta mejor.

175 g de chocolate negro fundido al baño maría
150 g de mantequilla orgánica
4 huevos orgánicos (por separado claras y yemas)
⅔ de cup o 125 g de azúcar de coco o panela

Precalienta el horno a 190 °C. Funde el chocolate y añade la mantequilla. Mezcla bien y, cuando esté todo fundido, apaga el fuego. Deja enfriar.

Separa las claras de las yemas. Bate las yemas en un bol con el azúcar de coco hasta que la mezcla doble el volumen. Incorpora el chocolate fundido y vuelve a mezclar.

Bate las claras a punto de nieve con una pizca de sal y vierte con cuidado en la mezcla de chocolate. Con una espátula, mezcla delicadamente, de arriba abajo, para no romper las claras.

Vierte en un molde de unos 28 cm de diámetro y hornea unos 18 minutos.

Deja enfriar antes de servir y sirve en el mismo molde.

MOUSSE DE CHOCOLATE

10 minutos

4 personas

Como belga y suiza que soy, el chocolate tiene un papel muy importante en casa y la mousse de chocolate es un postre típico de mi familia. Esta receta es un pelín diferente, pero igual de rica. Lo más increíble es que solo lleva un ingrediente: chocolate. Por eso, te recomiendo que sea de calidad y, como mínimo, del 75 % de cacao.

Inventada por Hervé This, un químico francés, no hay mousse más simple que esta.

225 g de chocolate negro (75 % de cacao, mínimo)
cubitos de hielo
nata casera montada o yogur griego
cacahuetes picados

Vierte unos 160 ml de agua en una olla, añade el chocolate y calienta a fuego medio. Mientras el chocolate va fundiéndose, ve removiéndolo con una espátula. Cuando la textura sea homogénea, viértelo en un bol limpio.

Prepara un bol grande con cubitos de hielo. Coloca el bol de chocolate encima del de hielo y, a mano, bate con cuidado hasta crear una textura de mousse. No te pases, porque, si no, se espesará mucho.

Sirve de inmediato en tarritos, con nata montada o yogur y cacahuetes picados.

TARTA TATIN EN VASO

20 minutos

2 personas

Durante unas vacaciones en Ibiza comimos en Cala Bonita y, de postre, pedimos tarta Tatin servida en vaso. Es la mejor tarta Tatin que he probado nunca.

Hacerla con solo 6 ingredientes ha sido todo un reto, pero creo haberme acercado bastante a aquel recuerdo.

Es importante escoger manzanas de temporada y muy sabrosas.

3 manzanas peladas y cortadas en gajos
½ + ½ cucharaditas de canela en polvo
25 g de mantequilla orgánica
½ cup o 75 g de avellanas tostadas y trituradas
4 dátiles tipo Medjoul troceados
1 cup o 250 ml de yogur griego o nata casera montada

Limpia, pela y corta en gajos las manzanas.

Corta cada gajo en dos y ponlos todos en una olla mediana junto con ½ cucharadita de canela, el zumo de ½ limón, 60 ml de agua y la mantequilla.

Tapa y cocina a fuego medio unos 15 minutos o hasta que estén tiernos, pero no demasiado, para que conserven su forma.

Tritura las avellanas hasta que estén finas, pero que no queden tipo harina.

En un bol, mezcla las avellanas trituradas con los dátiles, hasta tener una textura tipo *crumble*.

Mezcla el yogur griego con la otra ½ cucharadita de canela.

En un vaso o tarro, pon una capa de *crumble*, encima una capa de yogur griego y, por último, añade las manzanas con un poco de jugo.

PERA, ROOIBOS, NATA Y LIMA

40 minutos

4 personas

Creo que la pera pochada es uno de mis postres favoritos, y resulta mucho más sencilla de preparar de lo que pueda parecer.

Aquí, para hacerlo fácil, vamos a pochar las peras en un té rooibos y las serviremos con nata montada y ralladura de lima.

4 peras
½ cup o 75 g de azúcar de coco
2 bolsas de té rooibos
1 cup o 250 ml de nata para montar
1 lima

Pela las peras con cuidado e intenta mantener el tallo de arriba.

En una olla, pon el azúcar de coco, las bolsitas de té y 1500 ml de agua a calentar a fuego medio. Lleva a ebullición, retira del fuego y deja infusionar unos 10 minutos.

Saca las bolsitas de té y vuelve a poner la olla a fuego medio. Añade las peras y cocina durante unos 25 minutos o hasta que estén tiernas.

Introduce un cuchillo con cuidado para ir controlando la cocción.

Retira las peras vigilando que no se rompan y sigue cocinando el líquido hasta conseguir un sirope bien espeso, que aprovecharemos.

Monta la nata.

Sirve las peras con la nata montada y un poco de la reducción del sirope, y añade ralladura de lima por encima de la nata.

LIMONADA Y CÚRCUMA

10 minutos

1 litro

De pequeños, casi todos hemos montado, aunque solo fuera una vez, un «tenderete» con la mejor limonada del mundo. Hecha en casa con ilusión, la vendíamos para refrescar a todo el vecindario.

Esta lleva jengibre, cúrcuma y miel. Servida bien fría con cubitos de hielo es mi cóctel de verano.

jengibre rallado (unos 3 cm aunque siempre puedes poner un poco más)
2 cucharadas de cúrcuma en polvo
ralladura de 1 limón + el zumo de 3 limones
3-4 cucharadas de miel

Limpia el jengibre y rállalo. Puedes pelarlo si quieres, pero no hace falta.

Pon la cúrcuma, el jengibre, la ralladura de un limón y 1 l de agua en una olla, y lleva a ebullición. Deja que se caliente unos 3 minutos.

Retira del fuego, cuela y deja enfriar. Añade la miel y mezcla bien hasta que esta se disuelva. Incorpora el zumo de limón y un toque de pimienta. Mezcla.

Vierte en una botella. Sirve tal cual o ponla en la nevera para servirla fría.

BATIDO DE PLÁTANO Y COLIFLOR

 **5 minutos**

2 personas

Un *milkshake* de plátano es lo que solíamos tomar para merendar. Esta versión tiene, además de plátano y leche de avena, coliflor congelada. Toma una coliflor, hiérvela unos 6 minutos y congélala.

De esta manera, le aportas cremosidad y nutrientes al batido. No te preocupes: su sabor pasa inadvertido con el plátano, la vainilla y la mantequilla de cacahuete.

1 plátano congelado
½ cup o 60 g de coliflor
1 ½ cup o 375 ml de leche de avena
1 cucharadita de vainilla
1 cucharada de mantequilla de cacahuete o tahini

Desmenuza la coliflor y pon agua a hervir. Cuando hierva, añade la coliflor, cocina unos 6 minutos, escurre, deja enfriar y congela en un táper.

Tritúralo todo en una batidora potente hasta que quede bien cremoso. Sirve de inmediato.

LECHE PARA DORMIR

 **1 persona**

De niña, pocas cosas me resultaban tan reconfortantes como la leche tibia mezclada con miel. No sé si era por el simple hecho de tomármela antes de dormir o bien porque sentía que me relajaba poco a poco.

Ahora soy yo quien les prepara esta leche a mis hijos. Hecha con leche de coco o de almendras, miel, nuez moscada y cardamomo, todo para ayudarlos a conciliar el sueño.

Sírvela a temperatura ambiente o caliente.

Dulces sueños.

1 cup o 250 ml de leche de coco o de almendras
2 cucharaditas de miel
¼ de cucharadita de nuez moscada en polvo
½ cucharadita de cardamomo en polvo
1 cucharada de linaza molida

Pon todos los ingredientes en una batidora y tritura hasta que esté bien cremoso.

Si lo prefieres, puedes calentarlo un poco.

MOCHA FRAPPÉ

5 minutos

1 persona

Tuve la suerte de visitar Corfú, una isla griega preciosa, cuando tenía catorce años. Aunque tuvieron que operarme de urgencias por peritonitis, pude disfrutar del mar turquesa desde la arena y disfrutar del *frappé* de cacao delicioso que me pedía cada mañana.

Voy a tomarme otro *frappé*, cerrar los ojos y transportarme de nuevo a Corfú.

½ cup o 125 ml de café
2 cucharadas de cacao
2 dátiles deshuesados
1 cucharada de semillas de cáñamo
1 cucharadita de aceite de coco
½ cup o 125 ml de leche + ½ cup o 125 ml de hielo*

Pon todos los ingredientes en tu batidora y tritura a alta velocidad 1 minuto o hasta que esté bien cremoso.

Sirve de inmediato.

* Para un efecto más *frappé*, pon mitad hielo, mitad leche.

GOLDEN MILK

 **4 minutos**

 **2 personas**

Este *latte* es un remedio ayurvédico. La cúrcuma tiene propiedades antiinflamatorias y antioxidantes. Dicen que, además de ser muy nutritiva, es una bebida «espiritual», que comparten los que meditan.

A mí me encanta tomarme este *milk* calentito, a sorbos, y disfrutar de cada uno de ellos. Lo preparo con leche de coco, aceite de coco, cúrcuma, jengibre y cardamomo en polvo, dátiles o miel, y con un toque de canela.

1 ½ cups o 375 ml de leche de coco (u otra vegetal que prefieras; recomiendo de almendras o de avena, y si son caseras, mejor que mejor)
1 cucharadita de cúrcuma en polvo
¼ cucharadita de jengibre en polvo
¼ cucharadita de cardamomo en polvo
1 cucharadita de aceite de coco
1-2 cucharadas de sirope de arce (o miel cruda o 2 dátiles), para endulzar

Pon en una olla la leche con el resto de los ingredientes y calienta unos minutos a fuego medio procurando que no hierva. Mezcla para que todos los ingredientes se incorporen a la leche.

Cuando consideres que está caliente, vierte en una batidora y licua unos 30 segundos a alta velocidad, hasta que tengas una textura cremosa, ¡con espuma!

Vierte la leche en tazas y decora con un poco de canela.

CREMAS

GAZPACHO DE TOMATE Y SANDÍA CON QUESO FETA

10 minutos

4 personas

«¡¿Otra receta de gazpacho?!», pensarás. Pero, con el calor estival, pocas cosas apetecen más que esta sopa veraniega. Le añado un poco de sandía —no demasiada, para que no parezca un batido dulce—, verduritas crudas y un *topping* bien fresquito.

El gazpacho, en verano, que nunca falte.

6 tomates medianos tipo pera
½ pepino troceado
½ sandía mediana troceada
70 g de queso feta desmenuzado y machacado
1 cup o 200 g de tomates varios troceados
perejil o cebollino troceado

Pon los tomates pera, el pepino y la sandía en una batidora. Agrega 2 cucharadas de vinagre, 1 ½ cucharadas de sal, un diente de ajo y un toque de pimienta.

Luego, ve agregando, poco a poco, aceite de oliva (unos 60 ml), hasta que quede una textura bien cremosa. Prueba y rectifica a tu gusto, y guarda en la nevera.

Mientras tanto, en un bol, machaca el queso feta hasta obtener una textura cremosa e incorpórale 2 cucharadas de aceite de oliva y un poco de pimienta. Trocea los tomates y pica la hierba fresca.

Sirve el gazpacho en boles, añade por encima el queso feta desmenuzado, los tomates troceados y el perejil picado.

El toque final: un chorrito de aceite de oliva.

GUISO SIMPLE

20 minutos

 **4 personas**

Te animo a aprender a hacer este guiso con una base muy sencilla: cebolla, zanahoria, apio y algunas especias. A partir de esta base, además, puedes crear otros guisos y sopas sabrosos y reconfortantes. Platos de cuchara que alimentan el alma.

1 cebolla blanca picada
2 tallos de apio picados
3 zanahorias medianas, peladas y troceadas
2 cups o 500 ml de tomate pelado
3 cups o 400 g de alubias blancas, cocidas y escurridas
1 atado de kale troceado

En una olla grande, calienta 1 cucharada de aceite de oliva. Añade la cebolla, el apio, las zanahorias y 1 cucharadita de orégano. Incorpora un poco de cayena en escamas, si usas, sal y pimienta.

Reduce el fuego y cocina hasta que las verduras estén tiernas, unos 10-15 minutos.

Haz un hueco en medio de las verduras, agrega un pelín de aceite de oliva y, a continuación, 4 dientes de ajo. Añade también el tomate pelado y mezcla.

Deja que se cocine unos 8 minutos. Incorpora las alubias y entre 750 ml y 1 l de caldo, dependiendo de la textura que quieras obtener, hasta cubrirlo.

Por último, añade el kale troceado y apaga el fuego. Deja que el kale se cocine con el calor residual.

Mi recomendación es que lo sirvas con queso parmesano por encima.

SOPA DE TOMATE, ALUBIAS Y BONIATO

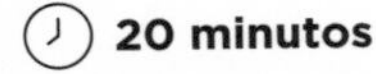

20 minutos

4 personas

A veces, por la noche, tenemos poco tiempo y menos energía para preparar una cena nutritiva y saciante. Entonces, podemos echar mano de un par de recursos que nunca fallan: los potes de legumbres cocidas y los de tomate pelado (y si son ecológicos, mejor).

Añade cayena en escamas por encima para darles un toque un pelín más picante.

1 cebolla pelada y troceada
2 zanahorias troceadas en daditos
1 boniato pelado y troceado en daditos
2 latas de 400 ml cada una de tomate pelado
1 bote de frijoles negros cocidos y escurridos
2 puñados de espinacas baby

En una olla, a fuego medio, vierte 2 cucharadas de aceite de oliva (o, si tienes, aceite de coco o ghee) y añade la cebolla.

A continuación, agrega 1 cucharadita de orégano y, si quieres, otra de tomillo, y dora la cebolla unos 8 minutos o hasta que quede translúcida.

Incorpora 3 dientes de ajo pelados y picados, y dora unos minutos más.

Añade las zanahorias y el boniato, dora un par de minutos, agrega el tomate y cocina unos 20-25 minutos o hasta que las verduras estén hechas. Incorpora los frijoles y mezcla.

Por último, añade un poco de pimienta y las espinacas baby. (Opcionalmente, también puedes agregar 1 cucharadita de vinagre balsámico, que aporta un toque de contraste.) Mezcla y apaga el fuego.

Te recomiendo que lo sirvas con un toque de cayena en escamas.

CREMA DE COLIFLOR Y CURRY

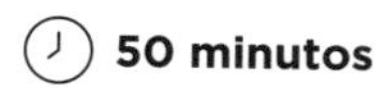
50 minutos

4 personas

¡Soy fan de la coliflor en sus diferentes texturas!: cruda, al horno, hecha puré... Si aprovechamos la coliflor entera, incluso el tronco, se pueden crear texturas supercremosas y, además, combina de maravilla con curry y cúrcuma. En invierno, es una cena perfecta y reconfortante.

1 coliflor grande desmenuzada
1 cebolla blanca pelada y cortada en gajos
2 cucharaditas de curry
½ cucharadita de cúrcuma en polvo
1 cucharadita de tamari (opcional)

Enciende el horno a 200 °C y prepara una bandeja con papel de hornear.

Pela 4 dientes de ajo y aplástalos con la palma de la mano. Ponlos sobre la bandeja del horno junto con la cebolla cortada y la coliflor limpia y desmenuzada. Añade el curry, la cúrcuma, 2 cucharadas de aceite de oliva, sal y pimienta. Mezcla bien y hornea unos 35 minutos.

Sácalo del horno y reserva un poco de coliflor, que usaremos como *topping*.

Pon el resto en una batidora con 1 l de caldo vegetal (siempre puedes añadir un poco más dependiendo de cómo te guste la textura) y tritúralo todo hasta que quede bien cremoso.

Incorpora 2 cucharadas más de aceite de oliva y, opcionalmente, tamari, y tritura otra vez. Prueba y rectifica a tu gusto; quizás tengas que agregar un pelín más de sal.

Sirve en boles e incorpora por encima la coliflor reservada y un chorrito de aceite de oliva.

CREMA DE BRÓCOLI, LIMÓN Y PARMESANO

15 minutos

 4 personas

El brócoli combina muy bien con el limón y el parmesano. Muchas veces, preparo una ensalada con estos tres ingredientes y pensé en usarlos para crear una crema con textura y aprovechar para hacer un plato nutritivo para los peques.

Sírvelo con una tostada con mantequilla o nata orgánica, ¡está de vicio!

1 brócoli grande desmenuzado
80 g de parmesano rallado

En una olla, a fuego bajo, pon 2 cucharadas de aceite de oliva y dora 5 dientes de ajo unos 5 minutos. Añade el brócoli y dora unos 10 minutos más a fuego muy lento.

Incorpora 1,25 l de caldo vegetal y cocina unos 6 minutos o hasta que el brócoli esté al dente.

Agrega el parmesano rallado, el zumo y la ralladura de ½ limón, y ½ cucharadita de sal y pimienta. Tritúralo todo hasta que quede bien cremoso. Prueba y rectifica a tu gusto.

SOPA VERDE SIMPLE

 **20 minutos**

4 personas

Usa las verduras verdes de temporada que tengas en casa —acelgas, kale, hinojo, espinacas, etc.— como base para crear esta sopa verde.

Emplear parte de estas mismas verduras como *topping* es también un buen truco. No hagas la sopa demasiado líquida; si no, no aguantará los *toppings*.

30 g de mantequilla
2 chalotas peladas y troceadas
1 atado de espárragos verdes
1 hinojo laminado
1 ½ cucharaditas de jengibre fresco rallado
1 atado de kale

En una olla, pon a calentar a fuego medio la mantequilla. Añade las chalotas y dóralas 2 minutos.

Limpia los espárragos, quítales la parte blanca inferior y guarda la parte superior de los tallos para el *topping*. Córtalos en rodajas en diagonal.

Lamina el hinojo finamente. Añade el jengibre fresco y, si lo deseas, ½ cucharadita de comino a las chalotas. Dora unos 4 minutos.

A continuación, agrega 750 ml de caldo vegetal y cocina unos 4 minutos más o hasta que los espárragos estén en su punto.

Incorpora el kale troceado y apaga el fuego. Déjalo tal cual unos 5 minutos y luego añade la ralladura de ½ limón.

Tritura hasta que quede bien cremoso. Prueba y rectifica a tu gusto.

Saltea los tallos de espárrago y sirve la sopa con ellos por encima.

CREMA DE ZANAHORIA, TOMATE Y LENTEJAS ROJAS

 **50 minutos**

 **4 personas**

Aprovechando restos de zanahorias horneadas, hice una crema parecida a esta. Mezcladas con tomate, orégano y, en esta ocasión, lentejas rojas (para hacerla más saciante y nutritiva), es una crema que puedes tomar fría o caliente.

Sírvela con unos anacardos tostados por encima.

1 cebolla morada pelada y cortada en gajos
5 tomates cortados en gajos
4 zanahorias cortadas en rodajas
1 cucharadita de tomillo
1 cup o 200 g de lentejas rojas cocidas*

Enciende el horno a 200 °C y prepara una bandeja con papel de hornear. Sobre la bandeja, pon la cebolla, 4 dientes de ajo machacados, los tomates y las zanahorias.

Añade 2 cucharadas de aceite de oliva, 1 cucharadita de sal, 1 de orégano y el tomillo. Mezcla bien y hornea unos 40 minutos.

Ponlo todo en una batidora junto con las lentejas rojas y 1,25 l de caldo vegetal, y tritura hasta que esté bien cremoso. Prueba y rectifica a tu gusto con más sal o pimienta.

Te recomiendo que lo sirvas con un poco de crema de avena y anacardos tostados.

* Usa ½ cup o 100 g de lentejas rojas y cuécelas en el doble de agua. Se cocinan a fuego medio unos 20 minutos.

CREMA DE RÚCULA, PATATA Y CURRY

25 minutos

4 personas

Esta receta se la pasó mi tía a mi madre, que me la transmitió a mí, y yo la he customizado a mi gusto, añadiendo curry y parmesano para suavizar el toque amargo de la rúcula.

¡Esta crema es una manera diferente de tomar la verdura de hoja verde!

1 cebolla blanca troceada
1 cucharadita de curry en polvo
4 patatas medianas cortadas en cuatro
2 cups o 40 g de rúcula
40 g de parmesano laminado

En una olla, dora la cebolla con 1 cucharada de aceite de oliva hasta que esté translúcida, unos 8 minutos. Añade el curry, mezcla e incorpora las patatas.

Dora 1 minuto y añade 875 ml de caldo vegetal. Cocina unos 20 minutos o hasta que las patatas estén hechas.

Agrega la rúcula y apaga el fuego.

Incorpora entonces un poco de pimienta y tritúralo todo hasta que quede bien cremoso. Prueba si necesita más sal.

Sirve con el parmesano laminado y un chorrito de aceite de oliva.

CREMA DE CALABACÍN, ALBAHACA Y RICOTTA

 **25 minutos**

 **4 personas**

Mi madre solía preparar a menudo *une soupe à la courgette*, una crema que se toma tibia o fría, y se sirve con una buena tostada.

El calabacín en sí puede resultar a veces un poco soso, por eso te recomiendo combinarlo siempre con especias o hierbas frescas, para sacarle más provecho y que tus platos queden más ricos.

20 g de mantequilla orgánica
1 cebolla blanca mediana troceada
3 calabacines cortados en rodajas
10 g de albahaca
1 cucharada de ricotta o yogur griego

En una olla grande, pon a calentar a fuego medio 1 cucharada de aceite de oliva y la mantequilla. Añade la cebolla y dora a fuego medio unos 3 minutos.

Agrega los calabacines y dora unos minutos más.

Incorpora entre 750 ml y 1 l de caldo (según la textura que te guste) y cocina unos 15 minutos o hasta que los calabacines estén hechos. Apaga el fuego, añade la albahaca y tapa.

Deja así unos 5 minutos y luego tritura hasta que quede bien cremoso. Prueba y agrega al gusto un poco de sal y pimienta.

Sirve con ricotta o yogur por encima, un chorrito de aceite de oliva y unas hojas más de albahaca.

CHILI SIN CARNE Y CON NACHOS

30 minutos

 **4 personas**

¿Se trata de un guiso megafácil de preparar y bien nutritivo, con pocos ingredientes y usando una sola olla?

Yes, ¡cena solucionada!

Lógicamente puedes añadir más verduras, como apio o zanahoria, o reemplazar alguna, y poner más *toppings*, como yogur o cilantro, pero yo aquí lo he mantenido bien *simply* ;)

1 cebolla blanca
2 cucharaditas de comino molido
1 cucharadita de pimentón ahumado
2 pimientos rojos
400 g de frijoles negros cocidos
400 ml de tomate pelado
10 g de chocolate negro troceado
nachos de maíz orgánico

En una olla, pon un poco de aceite de oliva y añade la cebolla troceada finamente y 2 dientes de ajo bien picados, 2 cucharaditas de comino molido y 1 de pimentón ahumado, y cocina unos 2-3 minutos a fuego medio-bajo, removiendo de vez en cuando. Vigila que no se doren.

Incorpora los pimientos rojos troceados en cubitos y deja cocinar unos 2 minutos más. A continuación, añade los frijoles cocidos y escurridos, el tomate pelado, 125 ml de caldo vegetal y un poco de sal, y cocina unos 20-22 minutos o hasta que se vaya espesando un poco.

Agrega el chocolate negro troceado, mezcla y cocina unos 5 minutos más. Prueba y rectifica de sal.

Sirve en un plato hondo y añade el toque final con nachos por encima.

ENSALADAS

ENSALADA DE RADICCHIO, NUECES Y MANZANA

15 minutos

 4 personas

Como siempre priorizo ingredientes de temporada, procuro crear platos donde estos combinen bien.

Esta ensalada de otoño-invierno es un contraste de colores y texturas. Las delicadas hojas de radicchio y las endivias contrastan con las nueces tostadas, las lentejas beluga cocidas y el pecorino rallado. Añado manzana para ayudar a equilibrar los sabores más amargos de la endivia.

½ radicchio troceado
3 endivias troceadas
¼ de cup o 40 g de nueces tostadas y troceadas
¾ de cup o 60 g de lentejas beluga cocidas y escurridas
1 manzana cortada en dados
80 g de pecorino rallado finamente

En un bol, pon el radicchio y las endivias bien lavados y troceados, y mézclalos para crear un contraste de color.

Hornea las nueces y trocéalas ligeramente. Reparte por todo el bol las lentejas y los trocitos de manzana. Añade las nueces y el pecorino.

(Si quieres, puedes acompañar esta ensalada con una vinagreta: mezcla en un bol pequeño 5 cucharadas de aceite de oliva con 2 cucharadas de vinagre, agrega 1 cucharadita de sirope de arce o miel y una pizca de sal Maldon.)

ENSALADA DE TOMATES, CEREZAS Y CALABACÍN

30 minutos

 2 personas

En realidad, podría alimentarme todo el verano de esta ensalada fresquita y supersencilla, porque en verano buscamos simplificarnos aún más las comidas y queremos ligereza y sabor.

Coge tomates cherry y cerezas sabrosas (es muy importante que lo sean para elaborar esta receta), añade aceitunas negras y calabacín asado, y ya tienes una buena base para una ensalada veraniega.

1 calabacín cortado en rodajas finas
1 cup o 200 g de tomates cherry cortados en dos
1 cup o 225 g de cerezas deshuesadas
1 cup o 180 g de garbanzos cocidos y escurridos
2 cucharadas de aceitunas kalamata
1 cucharada de vinagre balsámico

Precalienta el horno a 180 °C y prepara una bandeja con papel de hornear.

Lava y corta el calabacín en rodajas, alíñalo con aceite de oliva y una pizca de sal, y mezcla.

Coloca las rodajas de calabacín sobre la bandeja y hornea unos 25 minutos. En un bol, coloca los tomates cherry, las cerezas, los garbanzos y las aceitunas. Luego, añade el calabacín horneado y mezcla.

Por último, agrega 1 cucharada de aceite de oliva y el vinagre balsámico.

ENSALADA DE KALE, HINOJO Y PECORINO

10 minutos

4 personas

El kale. Tan de moda, tan saludable... pero muchas veces no sabemos cómo cocinarlo o cómo comerlo.

Esta es una ensalada tipo *coleslaw* muy sencilla, con pasas, hinojo y pecorino para contrarrestar el sabor amargo que puede tener a veces el kale. Es una ensalada fácil de hacer y genial para servir de acompañamiento.

⅓ de cup o 50 g de pasas
1 atado de kale (rizado o negro toscano)
1 hinojo laminado
⅓ de cup o 33 g de piñones tostados
⅓ de cup o 50 g de pecorino rallado

En un bol, cubre las pasas con agua y deja reposar unos 10 minutos.

Mientras tanto, quítale el tallo al kale y trocéalo. Luego ponlo en un bol grande con 1 cucharada de vinagre, 2 ½ cucharadas de aceite de oliva, sal y pimienta, y masajea con las manos para romper las fibras de la col.

Añade el hinojo laminado finamente. Escurre las pasas, agrégalas al kale e incorpora también los piñones y el pecorino.

Mezcla bien y sirve.

ENSALADA FILÓSOFO

10 minutos

 **2 personas**

Mi madre, suiza, tuvo durante más de diez años un restaurante italiano al que me encantaba ir después de las clases de la universidad. Yo solía pedirme ensaladas y, entre otras, que me prepararan esta, llamada «filósofo».

Hecha con una base de champiñones crudos, ¡te sorprenderá lo rica que está!

12 champiñones blancos lavados y cortados en rodajas finas
3 palmitos escurridos y cortados en rodajas
60 g de parmesano en láminas

Una vez lavados y cortados, pon los champiñones en un plato hondo y añade por encima los palmitos y las láminas de parmesano.

Agrega el zumo de ½ limón, 2 cucharadas de aceite de oliva y pimienta recién molida.

Sirve con una ensalada verde.

ENSALADA DE ZANAHORIA, LENTEJAS, TAHINI, ACELGAS Y AVELLANAS

12 minutos

4 personas

A veces, los mejores platos son el resultado de la improvisación, y esta ensalada es un buen ejemplo de ello.

Intentando que mis hijos comieran más verduras, rallé las últimas zanahorias que me quedaban en la nevera y las mezclé con acelgas, lentejas, avellanas y tahini.

2 zanahorias ralladas finamente
5 hojas de acelgas picadas (hojas y tallos)
1 cup o 75 g de lentejas cocidas y escurridas
un puñado de pasas
2 cucharadas de tahini blanco
⅓ de cup o 50 g de avellanas horneadas y troceadas

En un bol grande, ralla las zanahorias por la parte más fina del rallador. Añade las acelgas, las lentejas y las pasas.

En un bol pequeño, mezcla el tahini, 2 cucharadas de aceite de oliva, sal, pimienta y el zumo de ½ limón.

Una vez mezclado todo, incorpora las avellanas troceadas.

Si lo deseas, puedes agregar trozos de aguacate.

ENSALADA DE ALUBIAS, PARMESANO E HINOJO

10 minutos

3 personas

Como comentaba al principio del libro, hay combinaciones infalibles, ingredientes que, juntos, crean sabores inolvidables. Una de estas combinaciones infalibles es la de alubias blancas con hinojo, limón y parmesano. Servida con eneldo y berros, resulta una ensalada crujiente y original.

Es importante cortar finamente el hinojo y ser generoso con el limón, tanto en zumo como en ralladura.

2 puñados de berros (o canónigos) bien lavados
1 cup o 100 g de alubias blancas cocidas
1 hinojo laminado finamente
50 g de parmesano laminado
un puñado de eneldo troceado

Limpia con cuidado los berros (o canónigos) y escurre las alubias cocidas. Limpia y corta, con una mandolina o un cuchillo afilado, el hinojo en rodajas finas.

En un plato, pon una base de berros y coloca encima las alubias y el hinojo laminado.

Añade el parmesano, cortado también en láminas, y el eneldo.

Por último, sazona con sal, pimienta, 2 ½ cucharadas de aceite de oliva, y el zumo y la ralladura de ½ limón.

Mezcla bien y sirve.

ENSALADA DE PRIMAVERA

10 minutos

 **2 personas**

Cuando llega la primavera, las verduras de temporada son perfectas para elaborar ensaladas para ir de picnic.

Un truco: no cocines de más las verduras si quieres mantener su forma, color y textura. Es importante crear ensaladas ricas, pero también con color.

10 patatas tempranas cocidas y cortadas en dos
1 cup o 150 g de guisantes
1 huevo cocido y cortado en dos
5 rabanitos cortados en rodajas finas
½ aguacate cortado en trozos

Pon agua a hervir con un poco de sal.

Limpia las patatas y ponlas en la olla con cuidado. Cuando estén casi hechas (las queremos al dente), añade los guisantes y cocina 4 minutos.

Cuela en agua fría con hielo. Cuando las patatas se hayan enfriado, córtalas en dos.

En una olla pequeña, pon agua a hervir y, cuando llegue a ebullición, pon el huevo con cuidado. Calcula 6 minutos justos y cuélalo.

En un plato, dispón las patatas y los guisantes. Añade los rabanitos y el aguacate cortados.

Agrega el huevo cortado en dos, 2 cucharadas de aceite de oliva, ½ cucharadita de sal y el zumo de ½ limón.

OLI ENSALADA

10 minutos

4 personas

Mi padre se llama Olivier y tiene un plato estrella: su ensalada. La prepara cuando nos reunimos en familia.

Escoge una lechuga de calidad, a él le gusta la de la marca Pàmies Vitae®, y prepara su famosa vinagreta a base de chalotas, huevo duro picado y, por supuesto, el toque de mostaza que no debe faltar.

El truco consiste en preparar la vinagreta en un bol grande, añadir poco a poco la lechuga y remover bien hasta que quede una ensalada sencilla pero resultona.

2 huevos duros picados
2 chalotas troceadas
1 cucharada de mostaza tipo Dijon
1 lechuga francesa
un puñado de mezcla de hierbas frescas troceadas (cebollino, eneldo, perejil, etc.)

Pon agua a hervir y, cuando llegue a ebullición, añade con cuidado los 2 huevos. Calcula 7 minutos justos, cuela los huevos en agua fría y pélalos.

En un bol grande y ancho, pon los huevos duros picados, las chalotas, la mostaza, 4 cucharadas de aceite de oliva, 2 de vinagre y ½ cucharadita de sal. Emulsiona con un tenedor o batidora manual.

Incorpora entonces las hojas limpias de lechuga, las hierbas frescas troceadas y, con las manos, mezcla bien para que todo quede impregnado de la vinagreta.

Sirve de inmediato.

PEPINO *CRUNCHY*

 **10 minutos**

4 personas

El pepino es un ingrediente muy refrescante para hacer ensaladas de verano. Pero hacer una ensalada de (casi) solo pepino puede parecer aburrido.

¡Nada más lejos de la realidad! Si lo combinas con sus aliados infalibles, obtendrás una ensalada crujiente y original.

Sirve de acompañamiento.

2 pepinos pelados y cortados en rodajas finas
4 cucharadas de menta fresca picada
1 cebolla china troceada (la parte blanca y la verde)
1 cucharada de sésamo tostado
2 cucharadas de cacahuetes tostados
4 cucharadas de vinagre de manzana
1 cucharadita de sirope de arce

Una vez pelados y cortados los pepinos en rodajas finas, ponlos en un bol y añade la menta y la cebolla. Agrega el sésamo y los cacahuetes tostados.

Adereza con ½ cucharadita de sal, 4 cucharadas de vinagre de manzana, sirope de arce y mezcla bien.

Sirve bien frío.

CALABAZA HORNEADA CON LENTEJAS, QUESO DE CABRA Y ESPINACAS

 **30 minutos**

 **2 personas**

La calabaza horneada es uno de los alimentos más versátiles que hay. La gracia es hornearla para caramelizarla y combinarla luego con ingredientes que aporten sabor.

Para hacer esta receta, elige un queso de cabra cremoso para que se deshaga con el calor de la calabaza asada.

½ calabaza de invierno o butternut cortada en rodajas
2 puñados de espinacas baby
¼ de cup o 30 g de almendras tostadas y laminadas
1 cup o 75 g de lentejas beluga cocidas
80 g de queso de cabra suave
una pizca de cayena en escamas

Enciende el horno a 200 °C y prepara una bandeja con papel de hornear.

Una vez que hayas pelado y cortado la calabaza en rodajas, ponla sobre la bandeja y adereza con aceite de oliva, sal y pimienta. Mezcla bien y hornea unos 35 minutos o hasta que esté dorada.

En un bol, mezcla las espinacas baby con 1 cucharada de vinagre. Hazlo con cuidado.

Hornea las almendras 10 minutos a 170 °C y córtalas en láminas.

En un bol, o directamente en los platos, coloca la base de espinacas, agrega encima las rodajas de calabaza, reparte las lentejas e incorpora cucharadas de queso de cabra cremoso.

Encima del queso de cabra, añade un toque ligero de cayena. Por último, agrega las almendras y un poco de pimienta.

PASTA Y ARROZ

RISOTTO DE GUISANTES

35 minutos

 **4 personas**

Esta receta lleva guisantes de dos formas: procesados, para que se mezclen con el arroz, y luego más guisantes, para aportar textura y más color.

300 g de guisantes
30 g de mantequilla orgánica
1 cebolla blanca picada
1 ½ cup o 300 g de arroz tipo arborio
½ cup o 125 ml de vino blanco
80 g de parmesano rallado

Si tienes guisantes congelados, ponlos en agua hirviendo 1 minuto y cuélalos en agua helada. Si son frescos, cocínalos unos 5-6 minutos.

Coloca una tercera parte de los guisantes en una procesadora o batidora con un poco de agua y tritúralos hasta obtener una textura de puré.

En una sartén grande, funde la mantequilla a fuego medio y añade la cebolla picada y una pizca de sal. Dora unos 4 minutos o hasta que esté translúcida. Sube un poquito el fuego, agrega el arroz y dora un par de minutos más. Incorpora el vino blanco y deja que se cocine hasta que se evapore.

Añade caldo vegetal hasta casi cubrir el arroz. Cocina a fuego medio sin dejar de mezclar. A medida que el caldo vaya evaporándose, ve agregando más, hasta que el arroz esté tierno, en su punto. En total, será un poco más de 1 l de caldo.

Incorpora el parmesano rallado y el puré de guisantes. Mezcla bien, añade sal y pimienta al gusto, y el resto de los guisantes sin triturar.

Sirve en boles con más parmesano rallado y un chorrito de aceite de oliva por encima.

CREUSET

FUSILLI CON CHALOTAS, ACELGAS Y MOZZARELLA DE BÚFALA

20 minutos

4 personas

Casi siempre lo mejor sale de la improvisación, y esta receta lo confirma.

Dos cosas importantes a tener en cuenta para hacerla: escoge una salsa de tomate bien sabrosa —tipo marinara con albahaca— y una mozzarella de búfala muy cremosa, para que se deshaga con la salsa.

400 g de pasta tipo fusilli
2 chalotas cortadas en rodajas finas
400 ml de salsa de tomate tipo marinara
5 hojas de acelgas picadas
1 bola de mozzarella de búfala desmenuzada

Pon agua a hervir y cocina la pasta al dente.

Mientras tanto, pela y corta en rodajas finas las chalotas. En una sartén, calienta un poco de aceite de oliva (o de mantequilla orgánica) y dora las chalotas a fuego bajo unos 10 minutos, hasta que se caramelicen ligeramente. Añade la salsa de tomate y cocina unos 3 minutos. Incorpora las acelgas y deja que se cocine a fuego medio unos 3-4 minutos más. Agrega la mozzarella y deja que se funda un poco sin dejar de mezclar. Salpimienta.

Escurre la pasta y guarda un poco de agua de la cocción (unos 50 ml). Añade la pasta escurrida en la salsa y mezcla. Si lo ves necesario, agrega agua de la cocción que has reservado, y no pares de mezclar. Sirve con parmesano rallado.

PAPPARDELLE CON RAGÚ DE CHAMPIÑONES

35 minutos

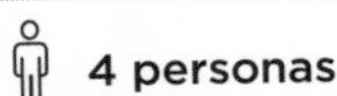

4 personas

Pocas salsas salen tan sabrosas como esta. Si tienes que hacer una pasta de otoño, escoge este ragú sin dudarlo.

Diría que los pappardelle son la pasta que mejor le va, pero elige la que prefieras.

750 g de champiñones limpios y cortados en cuatro
1 cebolla picada
⅓ de cup u 80 ml de concentrado de tomate
1 cup o 250 ml de salsa de tomate
1 cup o 250 ml de nata orgánica o crema de avena
400 g de pappardelle

Limpia con cuidado los champiñones, quítales la tierra que puedan tener, córtalos en cuatro y ponlos en una procesadora. Procésalos hasta que queden en trocitos pequeños.

En una olla grande, calienta 2 cucharadas de aceite de oliva, añade la cebolla picada y una pizca de sal. Cuando la cebolla esté translúcida y un poco caramelizada, agrega el concentrado de tomate y, si lo deseas, una pizca de cayena. Dora unos 5 minutos, sin que se queme el concentrado de tomate.

Incorpora los champiñones y cocina unos 20-25 minutos sin dejar de mezclar. Añade 250 ml de caldo vegetal, remueve y deja que se evapore por completo. Agrega la salsa de tomate, la nata orgánica (o crema de avena) y cocina durante 10 minutos. Incorpora pimienta, prueba y reajusta a tu gusto.

Mientras tanto, pon agua hervir y cocina la pasta al dente. Escúrrela y vierte la pasta en la salsa, mezcla bien y sirve enseguida.

ARROZ SALTEADO

 **20 minutos**

4 personas

Si eres de los que practica el *batch cooking* durante la semana, seguro que alguna vez te sobran restos de algún cereal cocido.

Esta receta es ideal para aprovechar restos de arroz y saltearlo con cebolla caramelizada, puerros, hinojo y avellanas.

1 cebolla picada finamente
2 puerros
1 hinojo
una pizca de cayena en escamas
2 cups o 400 g de arroz basmati cocido (al dente, mejor)
½ cup o 75 g de avellanas tostadas y troceadas

En una sartén antiadherente, calienta 2 cucharadas de aceite de oliva. Cuando esté caliente, añade 5 dientes de ajo laminados, dóralos 2 minutos —procura que no se quemen— y retíralos.

Baja el fuego y agrega un poco más de aceite de oliva y la cebolla. Carameliza la cebolla unos 10-12 minutos, removiéndola solo al final, hasta que esté de color dorado. (Para que se caramelicen, es mejor no tocar mucho las cebollas mientras se cocinan a fuego bajo. Puedes ir removiéndolas, pero solo hacia el final del proceso.)

Añade los puerros y el hinojo pelados y cortados en trozos pequeños y dora unos 8 minutos. Agrega sal y una pizca de cayena en escamas. Mezcla y añade el arroz. (Una opción es añadirle 1 huevo batido a la mezcla después de agregar el arroz.)

Incorpora 80 ml de caldo vegetal, deja que se evapore y mezcla bien todo.

Sube un poco el fuego, para que el fondo se dore un pelín.

Agrega las avellanas y, si lo deseas, un poco de perejil troceado y la ralladura de ½ limón.

GRATÍN DE PASTA DE BERENJENA Y TOMATE

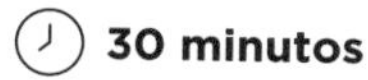

30 minutos

4 personas

Esta receta lleva una deliciosa salsa de berenjena y tomate.

Cuando cocines la pasta, no la hagas del todo, en el horno terminará de cocerse. Sirve con ensalada verde.

1 berenjena grande cortada en daditos
½ cup o 125 ml de vino tinto
2 cucharadas de concentrado de tomate
400 ml de tomate triturado
340 g de macarrones o una pasta pequeña, sin gluten
100 g de queso tipo emmental rallado

Enciende el horno a 190 °C. En una sartén, dora unos 5-7 minutos a fuego bajo la berenjena cortada en daditos con 1 cucharada de aceite de oliva, hasta que esté bien dorada. Añade 5 dientes de ajo picados y una pizca de sal. Mezcla bien y dora 2 minutos más.

Sube un poco el fuego, incorpora el vino tinto, deja evaporar y agrega el concentrado de tomate y el tomate triturado. Mezcla bien.

Pon agua a hervir con sal para la pasta y cuécela a la mitad del tiempo que indique el paquete. Guarda un poco del agua de cocción.

Pon la pasta escurrida en la salsa, añade un poco de agua de cocción y sal.

Coge un molde (o bandeja) para horno, úntalo con un poco de aceite de oliva y vierte en él la pasta con la salsa. Alisa e incorpora el queso emmental por encima.

Hornea unos 10-15 minutos y luego, al grill, 5-7 minutos más, para gratinar.

CALDO, ÑOQUIS, TOMATES Y GARBANZOS ASADOS

40 minutos

4 personas

Si pienso en un plato fácil y muy reconfortante, me vienen a la cabeza el caldo y la pasta. Y aquí hemos juntado las dos cosas, en un bol calentito, con ñoquis, tomates asados, garbanzos crujientes y espinacas.

¡Imagínate cómo tiene que saber!

1 + ½ cup o 240 g de garbanzos cocidos escurridos
2 puñados de tomates cherry
500 g de ñoquis
1 puñado de espinacas

Enciende el horno a 190 °C y prepara 2 bandejas de hornear. Escurre bien los garbanzos cocidos y colócalos sobre una de las bandejas. Es importante que los seques bien. Eso hará que queden muy crujientes y no exploten en el horno.

Añade aceite de oliva, sal y pimienta, mezcla bien y hornea unos 25 minutos.

Pasado este tiempo, añade en la otra bandeja los tomates cherry mezclados con un poco de aceite de oliva y sal.

Hornea los tomates cherry, manteniendo también los garbanzos, unos 10-15 minutos.

Pon agua a hervir en una olla y cuando hierva, añade los ñoquis. Cocina según las indicaciones del paquete o hasta que floten. Escúrrelos.

Pon a calentar 500 ml de caldo vegetal, añade los ñoquis, los tomates cherry y las espinacas troceadas.

Sirve en boles y, como toque final en el momento de comer, añade los garbanzos crujientes.

COSY PASTA

20 minutos

4 personas

El verano pasado hicimos un viaje en caravana y compré unas salchichas veganas que a los niños les encantaron. No suelo utilizar productos que busquen sustituir la carne, pero reconozco que son muy versátiles.

300 g de espaguetis sin gluten
1 paquete de salchichas veganas ahumadas
2 cups o 300 g de tomates cherry cortados en dos a lo ancho
2 cucharadas de aceitunas kalamata
2 puñados de espinacas baby

En una olla, pon agua a hervir con una pizca de sal y cocina la pasta según las indicaciones del paquete. Guarda un poco del agua de cocción para después (unos 60 ml).

Corta las salchichas en rodajas, en diagonal, y, en una sartén antiadherente a fuego medio, cocínalas unos 8 minutos, hasta que estén bien doradas.

En otra sartén, añade 1 cucharada de aceite de oliva y 4 dientes de ajo finamente picados. Dora 2 minutos. Incorpora los tomates cherry cortados en dos a lo ancho y ½ cucharadita de sal. Cocina unos 10 minutos, hasta que estén ligeramente caramelizados.

Agrega las aceitunas y mezcla.

Por último, añade a la sartén la pasta escurrida, las espinacas y un poco de agua de cocción si lo ves necesario. Mezcla bien.

Puedes servir con un poco de perejil picado.

ÑOQUIS DE CALABAZA Y RICOTTA

20 minutos

4 personas

Los ñoquis son una pasta muy reconfortante. Esta versión lleva puré de calabaza y ricotta, y lo ideal es saltearlos después de hervirlos con un poco de mantequilla, parmesano y albahaca (o salvia).

1 ⅓ de cup o 300 g de puré de calabaza butternut
½ cup o 120 g de ricotta
⅓ de cup o 50 g de parmesano rallado
1 huevo batido
1 ⅓ de cup o 200 g de harina de arroz

Para hacer el puré de calabaza, hornéala unos 25 minutos cortada en dos a lo largo, bocabajo. Luego, saca la pulpa y machácala con un tenedor.

En un bol, mezcla el puré de calabaza con la ricotta, el parmesano rallado y el huevo. Añade la harina de arroz, ½ cucharadita de sal y pimienta. Mezcla. Ahora deberías tener una masa más o menos compacta con la que poder hacer formas.

Pon un poco de harina de arroz sobre una superficie plana y lisa. Haz una forma ovalada y corta a lo ancho 6 tiras.

Trabaja cada tira hasta formar un churro y corta cada uno en cuadraditos. Presiona con un tenedor cada ñoqui.

Pon agua en una olla y llévala a ebullición. Introduce los ñoquis, cocínalos unos 2 minutos y cuela.

Otra opción es saltear los ñoquis al final. Para ello, calienta en una sartén a fuego medio 30 g de mantequilla y agrega los ñoquis hasta que estén dorados. Incorpora parmesano rallado y hojas de albahaca o salvia. Sirve pasado 1 minuto. La albahaca debe quedar crujiente.

FUSILLI CON COL CARAMELIZADA

 **20 minutos**

 **4 personas**

Sí, has leído bien: pasta con col caramelizada. Y muy *simply*, con poquísimos ingredientes.

Esta pasta está increíblemente deliciosa y te sorprenderá comer col de esta forma. Al caramelizarla, el sabor de la col es más suave y sutil, y con limón y pistachos, es una de esas combinaciones infalibles.

400 g de fusilli sin gluten
30 g de mantequilla
1 col laminada finamente
½ cup u 80 g de pistachos tostados
100 g de pecorino

Pon agua a hervir con un poco de sal y, cuando llegue a ebullición, introduce la pasta y cocínala según indique el paquete.

Pon a calentar en una sartén 2 cucharadas de aceite de oliva a fuego medio junto con la mantequilla. Añade 3 dientes de ajo picados finamente. Dóralos. Incorpora la col finamente laminada. Caramelízala unos 10 minutos a fuego medio-bajo, removiendo de vez en cuando hasta que esté suave.

Agrega la ralladura de ½ limón y ½ cucharadita de sal. Escurre la pasta, pero guarda 50 ml del agua de cocción.

Pon la pasta con la salsa. Mezcla bien y añade, si lo ves necesario, un poco del agua de cocción que has reservado.

Dora los pistachos y sirve encima de la pasta con pecorino y, si quieres, un poco de perejil picado.

HUEVOS

HUEVOS REVUELTOS CON PARMESANO

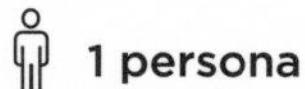

10 minutos

1 persona

Los huevos revueltos bien hechos son uno de los platos más simples, pero ¡también de los más deliciosos que hay!

El truco está en cocinarlos a fuego muy lento y no cocerlos de más. También es importante batirlos bien.

2 puñados de tomates cherry
1 rebanada de pan
2 huevos orgánicos
6 cucharadas de parmesano rallado
1 cucharada de mantequilla orgánica
un puñado de canónigos

Saltea los tomates unos 3 minutos con un poco de aceite de oliva y sal. Reserva. En la misma sartén en la que has salteado los tomates, tuesta una rebanada de pan.

Bate los huevos en un bol y añade 1 cucharadita de sal, pimienta y 2 cucharadas del parmesano rallado. Bate hasta que la mezcla esté espumosa.

Funde la mantequilla a fuego medio-bajo en una sartén antiadherente. Cuando la espuma de la mantequilla disminuya, vierte los huevos y deja que se cocinen unos 20 segundos, sin tocarlos.

Agrega 2 cucharadas más del parmesano rallado.

Con una espátula, empieza a dar vueltas con movimientos de barridos amplios, empujando los huevos alrededor de la circunferencia de la sartén.

Continúa empujando los huevos por la sartén hasta que estén esponjosos y apenas hechos; tardarás unos 2 minutos.

Espolvorea el resto del parmesano por encima.

Sobre el pan, añade un chorrito de aceite de oliva; los canónigos; los tomates, que se pueden chafar un poco; los huevos revueltos por encima y, si quieres, un pelín de dukkah.

HUEVOS TURCOS

 **10 minutos**

2 personas

En las revistas y blogs *foodies* veía estos *turkish eggs*, y siempre he querido hacerlos en casa.

La verdad es que la mezcla del yogur frío con el huevo poché derretido, el toque picante y el crujiente del dukkah queda bestial.

2 cups o 500 g de yogur griego de calidad
30 g de mantequilla orgánica
1 cucharadita de cayena
2 huevos
1 o 2 cucharadas de dukkah
perejil picado

Prepara el yogur mezclándolo con 1 cucharada de aceite de oliva y una pizca de pimienta recién molida. Repártelo en dos boles.

En una sartén antiadherente, derrite a fuego bajo la mantequilla y añade la cayena. Calienta unos 2 minutos a fuego bajo y después apágalo.

Pon agua a hervir en una olla. Cuando hierva, baja un poco el fuego. Con una espátula, haz círculos rápidos y grandes en el agua.

Rompe los huevos en un bol primero y luego viértelos con cuidado en la olla. Calcula unos 2-3 minutos hasta que estén hechos.

Vierte los huevos encima del yogur, abriéndolos un poco para que la yema se rompa.

Incorpora por los lados la mantequilla que hemos derretido con la cayena, y dukkah y perejil por encima.

PASTEL DE CALABACÍN

35 minutos

5 personas

Este pastel es parecido a una *frittata*, pero diferente, y es un plato genial para presentarles a los niños.

Rallas los calabacines para que se «vuelvan invisibles» dentro del pastel y los mezclas con el queso preferido de tus hijos.

¾ de cup o 75 g de harina de avena
1 calabacín rallado
1 cebolla fresca rallada (guarda sus tallos)
4 huevos
⅓ de cup u 80 ml de leche de avena
100 g de queso gouda rallado

Precalienta el horno a 180 °C.

Prepara un molde rectangular de unos 20 × 25 cm y úntalo con un poquito de aceite de oliva (o bien fórralo con papel de hornear).

En un bol, mezcla la harina de avena con ½ cucharadita de sal y 1 cucharadita de levadura.

Ralla el calabacín y ponlo en un escurridor. Aprieta con las manos para sacar el líquido sobrante. Luego, ponlo en un bol.

Ralla la cebolla fresca (guardando los tallos para más adelante) y añádela al bol del calabacín junto con los huevos, la leche de avena, 60 ml de aceite de oliva, 80 g del gouda rallado y, si lo deseas, un poco de cebollino troceado.

Incorpora la mezcla de ingredientes secos —la harina con sal y levadura— y viértelo todo en el molde.

Agrega por encima el gouda restante y los tallos verdes troceados que hemos reservado de la cebolla fresca.

Hornea unos 30 minutos o hasta que esté dorado.

Deja que se enfríe antes de cortarlo.

HUEVOS MIMOSA

15 minutos

 6 huevos

Si buscas ideas diferentes y originales para un entrante, los huevos mimosa son el plato perfecto.

La idea es aprovechar la yema de huevo y mezclarla con otros ingredientes como la mostaza, el cebollino y el apio para el relleno. ¡Fácil!

6 huevos
¼ de cup o 60 ml de mayonesa o yogur
1 cucharadita de mostaza de Dijon
3 cucharadas de cebollino picado
1 tallo de apio picado finamente

Pon agua a hervir en una olla. Cuando hierva, pon los huevos con cuidado y calcula unos 10 minutos.

Cuela en agua helada y pela los huevos.

En un bol, mezcla la mayonesa (o yogur) con la mostaza, el cebollino, el apio, ½ cucharadita de sal y pimienta.

Saca con cuidado las yemas de los huevos y añádelas al bol. Mezcla bien con una cuchara o espátula.

Rellena los huevos con la mezcla.

Decora con más cebollino picado y pimienta.

HUEVOS PASADOS POR AGUA CON SOLDADITOS

35 minutos

4 personas

Los huevos pasados por agua son un clásico de mi infancia e imagino que de la vuestra también.

Mi madre solía preparar palitos de pan tostado para untar dentro de las yemas de los huevos, a los que llamábamos «soldaditos».

Aquí os propongo otras versiones de «soldaditos».

4 boniatos pelados y cortados en tiras
4 huevos
100 g de queso comté cortado en tiras
2 rebanadas de pan tostado cortadas en tiras

Enciende el horno a 200 °C y prepara una bandeja con papel de hornear.

Pela y corta los boniatos en tiras del mismo tamaño y mézclalos con 1 cucharada de aceite de oliva, sal y pimienta.

Ponlos sobre la bandeja, evitando que se toque una tira con otra. Hornea unos 35 minutos o hasta que estén dorados, dándoles la vuelta a mitad de la cocción.

Mientras tanto, pon agua a hervir y, cuando llegue a ebullición, pon los huevos con cuidado y calcula 3 minutos. Cuela en agua fría.

Tuesta el pan y córtalo en tiras.

Corta el queso comté en tiras.

Pon cada huevo en un cuenco y corta la parte de arriba.

Sirve con boniato horneado, queso comté y pan tostado.

HUEVOS ENCURTIDOS EN CÚRCUMA

8 minutos

5 huevos

Todos sabemos preparar huevos duros. Es un ingrediente ideal para añadir en ensaladas y otros platos.

Se pueden preparar también encurtidos. Es muy fácil y, además, visualmente quedan preciosos.

A mí me encanta servirlos con pepinillos y chucrut.

5 huevos
1 ⅓ de cup o 330 ml de vinagre de manzana
2 cucharaditas de cúrcuma en polvo

Cocina los huevos en agua hirviendo 7 minutos. Cuela y deja que se enfríen en agua helada.

En una olla pequeña, pon a calentar a fuego medio 330 ml de vinagre de manzana, 125 ml de agua, 1 cucharadita de sal y la cúrcuma.

Añade los huevos duros en un tarro grande y vierte el líquido encima una vez enfriado.

Deja que coja temperatura ambiente y guarda en la nevera.

Deja como mínimo 1 hora antes de consumir.

Dura hasta 4-5 días.

HUEVOS EN *COCOTTE*

15 minutos

4 personas

No hay nada más fácil que preparar huevos en *cocotte*.

Lo único que necesitas son ramequines para llenarlos con las verduras que más te gusten y añadir el huevo y el queso pecorino por encima. Solo necesitas unos minutos para tener la yema blandita y... ¡listo!

2 puñados de espinacas picadas
6-8 tomates cherry
8 cucharadas de nata, crema de avena o leche de coco
4 cucharaditas de cebollino picado por ramequín
4 huevos
pecorino rallado

Enciende el horno a 180 °C.

Prepara 4 ramequines untándolos con un poquito de aceite de oliva.

Trocea las espinacas y corta en cuartos los tomates cherry.

En cada ramequín, pon unas espinacas y tomates troceados.

Añade en cada ramequín 2 cucharadas de crema de avena, 1 cucharadita de cebollino picado, sal y pimienta.

Rompe un huevo en cada uno y ralla pecorino por encima.

Hornea unos 12-14 minutos, procurando que la yema quede blandita.

KALE
CROQUE-MADAME

10 minutos

1 sándwich

De pequeña, cuando los domingos por la noche tocaba para cenar *croque-monsieur* era lo más.

Como esta receta lleva pocos ingredientes, procura que sean de calidad: un buen pan, un buen queso y, como siempre, una buena compañía.

2 rebanadas de pan
2 cucharadas de mostaza de Dijon
2 puñados de kale troceado finamente
1 huevo
2 lonchas de queso gruyer
½ aguacate

Unta las rebanadas de pan con mostaza.

Trocea finamente el kale.

En una sartén a fuego medio, calienta 1 cucharada de aceite de oliva y añade 2 dientes de ajo pelados y machacados. Dora unos 2 minutos.

Incorpora el kale y una pizca de sal, y cocina un par de minutos.

Agrega 50 ml de agua y cocina 5 minutos más o hasta que el agua se haya evaporado y el kale esté suave.

Pon el kale en un bol, desechando los dientes de ajo.

En la misma sartén, calienta un poco de aceite de oliva (o mantequilla orgánica) y rompe con cuidado el huevo.

Cocina el huevo 2-3 minutos o hasta que esté hecho, pero con la yema blandita.

Sobre una rebanada de pan, pon el kale, las lonchas de queso gruyer, el huevo por encima y rodajas de aguacate.

Cierra el sándwich con la otra rebanada de pan.

En la misma sartén, dora los dos lados del sándwich aplastándolo un poco.

CENAS *SIMPLY*

NUGGETS DE COLIFLOR, FETA Y MENTA

30 minutos

25 *nuggets*

Estuve pensando en esta receta varias semanas después de ver un documental sobre la India. En el programa, hablaban de una especie de albóndiga frita con coliflor y un queso fresco. Me vinieron a la mente unos *nuggets* de coliflor y feta con un toque de menta para aportar frescor.

1 coliflor desmenuzada
200 g de queso feta
2 huevos
3 cucharadas de menta fresca troceada
1 ¼ cup o 125 g de harina de almendra

Desmenuza la coliflor y ponla en agua hirviendo unos 6 minutos. Cuela y deja que se enfríe.

En un bol, machácala con un tenedor o pasapuré, o procésala unos segundos. No proceses demasiado, queremos conservar algunos grumitos. La intención es obtener unas 4 cups de coliflor procesada.

En un bol grande, desmenuza el queso feta, añade los huevos, la menta fresca troceada, sal y pimienta. Mezcla.

Incorpora la coliflor procesada y mezcla bien de nuevo.

Agrega la harina con ½ cucharadita de levadura. Mezcla bien otra vez y deja reposar en la nevera unos 20 minutos.

Enciende el horno a 200 °C y prepara una bandeja con papel de hornear.

Forma los *nuggets* con 2 cucharadas de masa, dándoles forma con las manos. Hornéalos unos 20 minutos, dales la vuelta y hornea 5 minutos más o hasta que estén dorados.

Sirve con el chutney de mango (ver página 222) o bien con kétchup casero.

STOEMP DE PATATAS, ZANAHORIAS Y APIONABO

25 minutos

4 personas

El *stoemp* es el plato por excelencia de mi infancia y mi preferido. Tan simple y tan sencillo, en invierno lo comería cada noche.

Esta versión lleva más verduras que la receta original, ya que normalmente solo lo componían patatas y zanahorias. Se puede añadir, seguramente, coliflor hervida. El toque gratinado no falla.

4 patatas cortadas en cuatro
4-5 zanahorias medianas
½ apionabo cortado en trozos
½ cucharadita de nuez moscada fresca rallada
4 cucharadas de leche vegetal
30 g de mantequilla orgánica

Corta todas las verduras en trozos más o menos iguales.

Pon agua a hervir y añade las verduras cortadas. Cocínalas unos 20 minutos o hasta que estén hechas, y cuélalas. Vuelve a ponerlas en la olla.

Machácalas con un pasapuré, agrega 1 cucharadita de sal, pimienta, ½ cucharadita de nuez moscada, 4 cucharadas de leche vegetal y 2 de aceite de oliva.

Vierte en un molde mediano, incorpora trocitos de mantequilla y gratina 10 minutos al horno.

Sirve con la Oli ensalada (ver página 131).

EASY-PEASY PIZZAS

35 minutos

 **8 minipizzas**

Hacer una masa de pizza desde cero puede resultar un poco abrumador. Por eso, estas *easy-peasy* pizzas son la versión más sencilla para conseguir un efecto similar.

Escoge un pan de pita de espelta o sin gluten y úsalo de base. Selecciona también una buena salsa de tomate y alguna verdura de temporada.

4 panes de pita abiertos
8 cucharadas de salsa de tomate casera (o de calidad)
100 g de mozzarella (o queso rallado de calidad)
2 cups o 300 g de verduras asadas y cortadas, por ejemplo, calabaza
1 cup o 200 g de tomates cherry cortados en dos
8 cucharadas de pesto

Precalienta el horno a 220 °C.

Corta los panes de pita por la mitad y ponlos sobre una bandeja con papel de hornear.

Prepara los *toppings* en boles diferentes; aquí los niños pueden ayudarte.

Sobre cada pan de pita, pon 1 cucharada de salsa de tomate, añade mozzarella (o queso rallado de calidad) y la calabaza asada (también podría ser calabacín en rodajas, espárragos laminados o dados de boniato, lo que prefieras).

Incorpora los tomates cherry y, si quieres, algo más de queso rallado por encima.

Hornea unos 10 minutos o hasta que estén doradas.

Añade 1 cucharada de pesto encima de cada pizza.

PURÉ DE ALUBIAS BLANCAS, HINOJO CARAMELIZADO Y GREMOLATA DE ENELDO

20 minutos

 **4 personas**

Algo tienen las alubias blancas que trituradas con un poco de aceite de oliva se convierten en un alimento cremoso y sedoso. En este caso, las vamos a combinar con una de mis verduras favoritas y con una salsita para obtener más sabor.

320 g de alubias blancas cocidas
½ cup o 10 g de eneldo o perejil fresco picado
1 cucharada de vinagre de manzana
2 hinojos
parmesano

Escurre bien las alubias blancas cocidas y ponlas en un procesador. Añade 1 a 2 cucharadas de aceite de oliva, sal y pimienta, y ve triturando. Incorpora un poco de agua hasta conseguir una textura lisa y cremosa, pero no demasiado líquida. Añade el agua muy poco a poco, y solo si es necesario.

En un bol, pon el eneldo fresco picado, 4 cucharadas de aceite de oliva, el vinagre de manzana, un diente de ajo rallado, la ralladura de ½ limón y la sal. Mezcla, prueba y rectifica a tu gusto.

Corta los hinojos en gajos. En una sartén a fuego medio, pon un poco de mantequilla y coloca los gajos. Caramelízalos unos 2-3 minutos por cada lado, tostándolos un poco con la mantequilla.

Sirve en un plato una base de puré de alubias blancas, añade los gajos de hinojo y añade un poco de la mezcla de eneldo y parmesano en láminas por encima. Agrega un poco de pimienta recién molida y un chorrito de aceite de oliva.

GRATÍN DE PATATA Y CALABACÍN

30 minutos

4 personas

Los gratines también son un plato que mi madre solía preparar cuando éramos pequeños. El truco para hacerlos está en cortar todas las verduras del mismo tamaño, para que así se cocinen de la misma manera.

La combinación de patata y calabacín queda muy bien, y además rallo un poco de queso por encima. ¡Los niños arrasan!

2-3 patatas peladas y cortadas en rodajas finas
2 calabacines cortados en rodajas de finas
4 cucharadas de leche vegetal (o de caldo vegetal)
un poco de tomate triturado
60 g de queso rallado

Enciende el horno a 200 °C.

Prepara las verduras: pélalas y córtalas en rodajas finas.

Toma un molde mediano y úntalo con un poco de aceite de oliva. Pon una capa de patata, otra de calabacín, otra de patata y otra de calabacín de nuevo. Salpimienta y añade la leche vegetal o el caldo.

Agrega un poco de tomate triturado encima de los calabacines y, luego, el queso rallado.

Hornea unos 35 minutos y gratina 5 minutos.

PORRIDGE SALADO

 **15 minutos**

4 personas

Soy fan —¡megafán!— de los *porridges*, sobre todo, si llevan muchos *toppings* por encima.

Esta versión salada queda increíble con el toque de miso y acompañada de shiitakes y kale.

¡Todo el sabor umami en un bol!

1 cup o 100 g de copos de avena
1 cucharada de miso shiro
1 cucharadita de mantequilla o ghee
2 puñados de shiitakes
3-4 hojas de kale troceado
1 huevo

Pon los copos de avena con una pizca de sal y 500 ml de caldo vegetal en una olla. Cocina a fuego medio unos 5 minutos, sin parar de remover con una cuchara de madera.

Mientras, calienta 250 ml de agua (que no hierva) y mezcla el miso dentro. Bate para que el miso se disuelva en el agua caliente.

Cuando falte 1 minuto para que el *porridge* esté listo, añádele el miso y cocina 1 minuto más.

Mientras, con un poco de mantequilla, saltea un diente de ajo picado en una sartén. Pasados 1 o 2 minutos, agrega los shiitakes. Deja sin tocar unos minutos, para que suelten el agua.

Incorpora pimienta y mezcla un poco más. Deja que se doren unos 5 o 6 minutos, o hasta que estén hechos.

Añade el kale picado a las setas y saltea unos 2 o 3 minutos.

En boles, sirve una base de *porridge*, agrega un chorrito de aceite de oliva, un poco de mezcla de shiitakes, kale y el huevo.

CALDO VEGETAL CON BONIATO, ACELGAS Y HUEVO

20 minutos

4 personas

Un caldo casero, vegetal o no, puede ser la base de muchos platos. Son nutritivos y reconfortan. Recomiendo tener siempre un buen caldo en casa, ya que se pueden crear platos deliciosos en poco tiempo.

1 cebolla picada
1 cucharada de mantequilla
1 cucharada de tomillo fresco
3 boniatos cortados
4 huevos
4 cups o 120 g de acelgas finamente picadas

Saltea la cebolla con la mantequilla durante 8 minutos. Añade 2 dientes de ajo picados y el tomillo.

Incorpora 1 l de caldo y los 3 boniatos cortados. Lleva a ebullición y baja el fuego. Cocina durante 15 minutos, tapa, agrega una pizca de sal, pimienta y cocina hasta que los boniatos estén tiernos.

Mientras tanto, cuece los huevos en agua hirviendo, unos 5 o 6 minutos. Deja que se enfríen y pélalos.

Incorpora las acelgas troceadas a la sopa y cocina 4 minutos.

Sirve en boles con los huevos cortados en dos y añade un poco más de sal y pimienta por encima.

BROCHETAS DE TOFU, CALABACÍN Y CEBOLLINO

 **20 minutos**

 **12 brochetas**

Estas brochetas vegetales son todo un descubrimiento.

Quedan ideales servidas con la salsa de tahini y yogur, o el chutney de mango del capítulo «Extras».

Recuerda que es importante escurrir bien el calabacín para poder formar las brochetas.

1 calabacín mediano rallado
1 paquete de tofu ahumado rallado
3 cucharadas de cebollino picado
3 cucharadas de menta picada
2 cucharadas soperas de tahini
hojas de lechuga

Deja en agua tibia 12 palos de brocheta.

Limpia el calabacín y rállalo sobre un escurridor. Mézclalo con ½ cucharadita de sal, apriétalo con las manos para escurrirlo bien y deja reposar 5 minutos.

Ralla el tofu ahumado y 2 dientes de ajo en un bol. Mézclalos con el calabacín escurrido, añade el cebollino y la menta, el tahini y la ralladura de ½ limón. Mezcla bien.

Escurre los palos de brocheta.

Mójate un poco las manos con agua y forma 12 «salchichas» enrollándolas a cada brocheta. Aprieta para asegurarte de que estén bien pegadas a los palos.

Calienta una sartén antiadherente con un poco de aceite de oliva y, cuando esté caliente, dora las brochetas 2 o 3 minutos por cada lado, hasta dorarlas.

Sirve en hojas de lechuga con la salsa de tahini y yogur (ver página 218) o el chutney de mango (ver página 222).

FRITES & CO.

45 minutos

4 personas

Como buena belga que soy, no podía faltar un plato con las típicas *frites* en este libro. Pero, en este caso, horneamos las patatas hasta que estén bien crujientes, y las servimos con queso feta desmenuzado, perejil, garbanzos y tomates cherry asados.

5 patatas medianas
1 cup o 160 g de garbanzos cocidos y bien escurridos
3 cucharadas de perejil fresco
100 g de queso feta
2 cucharadas de olivas negras
2 cups o 400 g de tomates cherry

Enciende el horno a 220 °C y prepara dos bandejas de horno con papel de hornear.

Limpia las patatas y córtalas en tiras. Escurre bien los garbanzos cocidos.

En una olla, cocina las patatas en agua con sal solo 5 minutos y luego escúrrelas bien, que no les quede agua.

Mezcla las patatas y los garbanzos con 2 cucharadas de aceite de oliva, sal y pimienta. Reparte entre las dos bandejas y hornea unos 20 minutos, mezclando de vez en cuando, e intercambiando las bandejas. Hornea 15 minutos más.

Saca del horno, añade el perejil, el queso feta desmenuzado, las olivas negras y los tomates cherry cortados en dos. Hornea unos 10 minutos más.

Si te apetece, puedes servirlas con tzatziki (ver página 221).

ALCACHOFAS CON MAYONESA DE MISO

15 minutos

2 personas

Esta es la versión de un plato que preparaba mi madre y que sigue elaborando muy a menudo cuando es temporada de alcachofas.

Ella hacía una buena vinagreta, que servía con alcachofas cocidas en agua. Aquí, en cambio, las preparo con una mayonesa, para que el plato sea más saciante.

Sigue siendo uno de mis platos favoritos a día de hoy.

4 alcachofas bonitas y grandes
1 huevo orgánico a temperatura ambiente
3 cucharaditas de miso blanco

Pon a hervir agua en una olla grande.

Corta el tallo de las alcachofas y, cuando hierva el agua, ponlas y cocínalas unos 35 minutos o hasta que las hojas se quiten con facilidad.

Mientras tanto, prepara la mayonesa con una batidora de mano. En el vaso batidor —importante que sea un recipiente alto y estrecho—, pon el huevo entero, el miso, 250 ml de aceite de oliva, 2 cucharadas de zumo de limón y sal. Introduce la batidora con cuidado hasta el fondo del recipiente. Empieza a batir a velocidad baja y no muevas la batidora durante 10 segundos o hasta que empiece a emulsionar; entonces, ya puedes levantar la batidora del fondo un poquito. Sigue batiendo hasta tener una textura cremosa.

Sirve las hojas de alcachofa con la mayonesa de miso.

BURGER 6 INGREDIENTES

20 minutos

5 hamburguesas

Sé que os encantan las recetas de hamburguesas vegetales. ¿Y si os digo que podéis preparar unas con solo 6 ingredientes y con el toque umami?

Se sirven con cebolla caramelizada y una buena salsa.

2 cups o 150 g de champiñones tipo Portobello cortados en cuatro
⅓ de cup o 20 g de tomates secos troceados
½ cup o 10 g de albahaca
¼ de cup o 40 g de avellanas tostadas
1 cup o 90 g de frijoles negros cocidos y escurridos
⅔ de cup o 65 g de copos de avena

Limpia con cuidado los champiñones, córtalos en cuatro y dóralos en una sartén antiadherente unos 8 minutos, sin tocarlos. Pasado este tiempo, añade 1 cucharada de aceite de oliva y un diente de ajo rallado. Mezcla y cocina 2 o 3 minutos más.

En una procesadora, tritura los champiñones junto con los tomates secos troceados, la albahaca y las avellanas tostadas unos segundos hasta obtener una masa arenosa, pero manteniendo algunos grumitos; es decir, no proceses demasiado.

Incorpora los frijoles negros, ½ cucharadita de sal, pimienta y los copos de avena. Procesa unos poquitos segundos más; queremos mantener algunos trozos.

Deja reposar la masa en la nevera unos 30 minutos. Forma 5 hamburguesas con las manos y cocínalas unos 2 o 3 minutos por cada lado, con un poquito de aceite de oliva, hasta que estén doradas.

Cuando les des la vuelta, tapa la sartén para asegurarte de que se hacen bien por dentro. Cocina 1 o 2 minutos más.

BURRITOS VEGETARIANOS

25 minutos

2 personas

Los burritos son perfectos para preparar una cena sencilla y relativamente rápida. Puedes rellenarlos de mil cosas y a los niños les encanta la idea de cena «enrollada».

Triturar los frijoles negros te proporcionará una base con la cual «ligar» el resto de los ingredientes en el burrito.

1 boniato grande cortado
1 cup o 90 g de frijoles negros
2 tortitas o fajitas de espelta, kamut o sin gluten
1 ½ cup o 45 g de espinacas baby
60 g de queso feta desmenuzado
un puñado pequeño de cilantro fresco

Pela el boniato y córtalo en gajos pequeños. Mézclalo con 1 cucharada de aceite de oliva, sal y pimienta.

Hornea a 200 °C unos 25 minutos o hasta que estén dorados.

Pon los frijoles negros con un chorrito de agua en una batidora y tritura hasta obtener una textura cremosa.

Dora las tortitas.

Para acabar, primero coloca una capa de frijoles en las tortitas; luego, añade el boniato horneado, las espinacas baby, el queso feta desmenuzado y el cilantro fresco.

Enrolla las tortitas y disfruta.

COLIFLOR HORNEADA CON PASAS, LENTEJAS Y PIÑONES SOBRE LABNEH

 **40 minutos**

 **4 personas**

En casa, la coliflor horneada nos gusta a todos.

Suelo mezclarla con pastas, arroces o la sirvo en pitas.

También me gusta mucho preparar esta combinación infalible con piñones salteados, pasas, aceite de perejil y lentejas cocidas, todo sobre una base de labneh.

1 coliflor grande desmenuzada
2 cucharadas de pasas
2 cucharadas de piñones tostados
¼ de cup o 5 g de perejil
1 cup o 90 g de lentejas beluga cocidas
2 cups o 500 ml de labneh (ver receta de tzatziki, página 221)

Precalienta el horno a 200 °C.

Desmenuza la coliflor, mézclala con 2 cucharadas de aceite de oliva, sal y pimienta. Repártela sobre una bandeja con papel de hornear y hornea durante 45 minutos, mezclando a mitad de cocción.

En un bol, deja las pasas en remojo unos 5 minutos. Tuesta los piñones ligeramente.

Tritura en una batidora el perejil con ¼ de cup de aceite.

En un bol, mezcla las pasas escurridas con los piñones tostados, las lentejas cocidas, el aceite de perejil y el zumo de ½ limón. Añade sal y pimienta.

Reparte el labneh con una cuchara en el plato. Haz lo mismo con la coliflor horneada y agrega la mezcla de lentejas, pasas y piñones.

TOSTADA CON CHAMPIÑONES SALTEADOS Y CREMA DE FETA

10 minutos

 2 personas

Si no disponemos de mucho tiempo, la cena puede consistir en una tostada con un buen relleno.

Cuando es temporada de champiñones, me encanta saltearlos con ajo, mantequilla y pimienta. No necesitan más.

3 puñados de champiñones de temporada
1 cucharada de mantequilla orgánica
3 hojas de kale finamente troceadas
100 g de queso feta
2 rebanadas de pan de calidad

Limpia los champiñones con cuidado y córtalos en cuatro si son grandes, y si son pequeños, déjalos tal cual, ya que se reducirán.

En una sartén con 1 cucharada de aceite de oliva, dóralos unos 8 minutos, hasta que hayan soltado toda su agua. Después, añade otra cucharada de aceite y 2 dientes de ajo machacados. Dóralos durante 2 minutos más sin dejar de mezclar e incorpora la mantequilla.

Agrega ½ cucharadita de sal y pimienta y mezcla. Añade el kale y dora la mezcla 3 o 4 minutos más.

En un bol, mezcla el queso feta con 2 cucharadas de aceite de oliva.

Tuesta el pan, unta la crema de queso feta y sirve por encima la mezcla de champiñones y kale.

HUMMUS DE ZANAHORIA CON GRANADA Y QUESO FETA

25 minutos

2 personas

En un libro que celebra lo sencillo, no debe faltar una receta de hummus porque es un elemento básico que puede adaptarse de mil maneras.

1 ¼ cup o 200 g de garbanzos cocidos y escurridos
7 zanahorias medianas, reservaremos 2 para el *topping*
⅓ de cup o 80 ml de tahini
½ cucharadita de comino en polvo
½ granada desmenuzada
100 g de queso feta desmenuzado

Enciende el horno a 200 °C.

Cuela los garbanzos y escúrrelos bien. Limpia las zanahorias y córtalas en rodajas. Ponlas sobre una bandeja con papel de hornear y añade 40 g de garbanzos y 2 dientes de ajo machacados. Incorpora 2 cucharadas de aceite de oliva, sal y pimienta, y mézclalo todo bien. Hornea unos 30-35 minutos.

Reserva un par de zanahorias y también los garbanzos horneados, que usaremos para el *topping*.

En una batidora o procesadora potente, introduce los garbanzos escurridos previamente, las zanahorias y los ajos horneados, el tahini, el zumo de ½ limón, el comino en polvo, 60 ml de aceite de oliva, 80 ml de agua, ½ cucharadita de sal y procésalo hasta que quede cremoso. Puedes agregar un poco de agua si lo ves necesario.

Sirve sobre platos 1 porción de hummus, decora con las zanahorias y los garbanzos que hemos reservado, y esparce por encima la granada y el queso feta.

LABNEH, REMOLACHA ASADA, PISTACHOS TOSTADOS Y ENELDO

40 minutos

2 personas

Soy bastante fan de las recetas que tienen diferentes texturas y colores en un solo plato, una base cremosa, algo horneado, algo crujiente y algo fresco.

Un plato sencillo pero original en sabores.

1 cup o 250 g de yogur griego
4 remolachas pequeña crudas peladas
3 cucharadas de vinagre de manzana
3 cucharadas de miel
½ cebolla morada
20 g de pistachos tostados
eneldo fresco

Mezcla el yogur con ½ cucharadita de sal y ponlo en un escurridor fino o muselina con un bol debajo. Guárdalo en la nevera unas 2 horas. Cuanto más tiempo lo dejes, más espeso estará el labneh.

Enciende el horno a 200 °C y prepara una bandeja con papel de hornear. Limpia bien las remolachas y pélalas. Ponlas en un bol grande, con ½ cucharadita de sal, el vinagre, la miel y 1 cucharada de agua. Mezcla bien y colócalas sobre la bandeja. Cúbrela con papel de hornear y déjalas cocer unos 45 minutos. Cuando estén enfriadas, córtalas en gajos.

Pela y corta en rodajas finas la cebolla morada. Ponla en un bol con una pizca de sal y el zumo de ½ limón. Mezcla bien y deja reposar unos 30 minutos o más.

En un plato, pon una capa de labneh y añade un poco de aceite de oliva. Pon por encima las remolachas horneadas, un poco de cebolla encurtida, pistachos tostados troceados, un poco de eneldo fresco y ralladura de limón.

SALTEADO *VEGGIE* SALVAVIDAS

20 minutos

 **4 personas**

Esta receta es muy *simply*.

Dirás: ¿un salteado de verduras? Sí, pero con mucho sabor y bien completo, por lo que te salvará muchas cenas. Al final se trata de eso, de hacernos la vida más fácil en la cocina.

Adáptalo con las verduras que más te gusten.

Añade o sirve con *noodles* o arroz, para hacerlo más saciante.

1 paquete de tofu ahumado
1 pimiento rojo
1 brócoli
1 cucharada de jengibre fresco rallado
3 cucharadas de tamari
1 cucharada de semillas de sésamo

Corta el tofu en dados y saltéalo en una sartén con 2 cucharadas de aceite de oliva, hasta que esté dorado por todos los lados. Reserva.

Corta el pimiento rojo en tiras y desmenuza el brócoli en arbolitos, que puedes cortar en dos para que tengan un lado plano y se doren mejor.

En la misma sartén, añade un poco más de aceite de oliva e incorpora el pimiento rojo y el brócoli. Saltea durante 2-3 minutos, hasta que empiece a dorarse todo ligeramente.

Pon ahora el jengibre rallado y los 4 dientes de ajo también rallados, un poco de sal y pimienta y el tofu que habíamos salteado. Mezcla bien y dora unos 2 minutos más. Añade el tamari y cocina entre 1 y 2 minutos.

Prueba y rectifica de sal al gusto.

Sirve con semillas de sésamo.

BERENJENA ASADA CON GARBANZOS CRUJIENTES Y TAHINI

 **45 minutos**

 **4 personas**

Esta receta es increíble y lleva poquitos ingredientes. La berenjena melosa, los garbanzos crujientes y la salsa de tahini: tenemos todas las texturas molonas en un plato.

Hazlo y será uno de tus favoritos desde ya.

4 berenjenas medianas
2 cups o 320 g de garbanzos cocidos y bien escurridos
1 cup o 250 ml de tahini
½ cup o 125 ml de yogur griego
2 cucharaditas de harissa
eneldo fresco picado

Precalienta el horno a 200 °C. Pela las berenjenas conservando el tallo de arriba. Con un tenedor, pincha en cada berenjena unas 4-6 veces. Unta cada una con aceite de oliva, añade sal y ponlas en una bandeja con papel de hornear.

Escurre bien los garbanzos y sécalos con un trapo limpio. Ponlos en otra bandeja con aceite de oliva y sal.

Hornea berenjenas y garbanzos unos 35-40 minutos, y dales la vuelta a las berenjenas pasados unos 20 minutos.

Mientras, prepara la salsa. En un bol, pon el tahini, el yogur, el zumo de ½ limón, un poco de sal al gusto y ve añadiendo agua fría, muy poco a poco y sin dejar de mezclar, hasta tener una textura homogénea y lisa.

En un bol pequeño, mezcla 4 cucharadas de aceite con 2 cucharaditas de harissa.

En cada plato, sirve 1 berenjena, abierta un poco por lo largo, y agrega la salsa de tahini por encima, los garbanzos crujientes, un poco de aceite con harissa, eneldo fresco picado y un poco de ralladura de limón.

FRITTERS DE BONIATO CON CILANTRO Y JENGIBRE

 **20 minutos**

 **2 personas**

Los *fritters* son la cena o comida más fácil de preparar.

Básicamente consisten en rallar verduras, añadir huevo y harina hasta obtener una base a la que luego añadirás más ingredientes para aportar más sabor.

En este caso, mezclamos boniato, cilantro y jengibre, una mezcla superoriginal.

1 boniato
1 cucharada de jengibre fresco rallado
½ cup o 10 g de cilantro fresco
1 cebolleta
1 huevo
80 g de harina de avena

Limpia bien el boniato. Rállalo y ponlo en un bol. Añade sal, pimienta, el jengibre rallado, el cilantro fresco troceado, la cebolleta picada, el huevo y la harina. Mezcla todo bien.

Con la masa resultante, haz montoncitos con las manos y aplástalos un poco.

En una sartén antiadherente calienta un poco de aceite de oliva y cocina unos 2-3 minutos por cada lado hasta que estén bien dorados.

Repite con el resto de la masa.

Solos están espectaculares, pero si quieres que todavía sepan mejor, recomiendo servirlos con una ensalada o acompañados con las salsas de tahini o tzatziki, de las página 218 y 221, respectivamente.

EXTRAS

HULK PESTO

5 minutos

1 tarro mediano

Nunca sobran recetas de pesto. A esta versión la he llamado Hulk porque es superverde y lleva extra de nutrientes gracias a la mezcla de kale, espinacas y albahaca. El toque dulce de los dátiles es para contrarrestar el amargor del kale.

Combínalo con pasta, quinoa, legumbres o en bocadillos, o como tú prefieras.

2 dátiles tipo Medjoul
⅓ de cup o 50 g de parmesano rallado
⅓ de cup o 40 g de piñones tostados
2-3 hojas de kale troceadas y sin el tallo
1 cup o 30 g de espinacas
2 cups o 40 g de albahaca fresca

En tu procesadora, pon los dátiles deshuesados, el parmesano rallado, los piñones y 1 cucharadita de sal. Procesa unos segundos.

Añade el kale troceado, las espinacas, la albahaca, el zumo de ½ limón y 125 ml de aceite de oliva.

Procesa unos segundos más, hasta obtener la textura deseada.

Guarda en un tarro hermético en la nevera. Dura unos 5 días.

SALSA TAHINI, YOGUR Y ZUMAQUE

5 minutos

1 tarro mediano

Ya sabéis que uno de mis ingredientes favoritos es el tahini y si puede tener una textura bien líquida, como el libanés, mejor.

Esta salsa es sutil y ligera. Combina de mil maneras diferentes: con verduras asadas, *buddha bowls* o ensaladas, o con las brochetas de calabacín y tofu del capítulo «Cenas *simply*».

½ cup o 125 ml de tahini blanco
1 ½ cucharaditas de sirope de arce
3 cucharadas de yogur griego
una pizca de zumaque

En un bol, mezcla el tahini con el yogur griego, el sirope de arce, 1 cucharadita de ralladura de limón, 2 cucharadas de zumo de limón y ½ cucharadita de sal.

Una vez que esté bien mezclado, añade 125 ml de agua. Mezcla de nuevo hasta que quede bien liso y suave.

Guarda en un tarro hermético en la nevera hasta 1 semana.

TZATZIKI DE LABNEH

5 minutos + tiempo de reposo: 1-2 horas

500 ml

Para preparar un tzatziki bien cremoso, deja escurrir el yogur hasta que tenga una consistencia tipo labneh y también escurre el pepino rallado, para que saque todo el líquido sobrante.

En esta receta uso eneldo en vez de menta, que le va de maravilla.

Este tzatziki es perfecto para acompañar verduras asadas, en bocadillos o para dipear.

2 cups o 500 ml de yogur griego sin endulzar
1 pepino pelado y rallado, escurrido
1 puñado de eneldo picado
semillas de sésamo blanco o negro

En una muselina o bolsa para leches vegetales, mezcla el yogur con 1 cucharadita de sal y ponlo sobre un bol para que saque todo el líquido sobrante. Guárdalo en la nevera entre 1 y 2 horas, para obtener así una textura mucho más cremosa.

Pela el pepino y rállalo. Ponlo en un escurridor y deja que suelte el líquido unos minutos.

En un bol, mezcla el yogur con el pepino. Añade el zumo de ½ limón, ½ cucharadita de sal, pimienta, el eneldo picado y, opcionalmente, ½ diente de ajo rallado. Mezcla y prueba.

Decora con semillas de sésamo blanco o negro, un chorrito de aceite de oliva y un poco más de eneldo.

CHUTNEY DE MANGO

20 minutos

2 tarritos

Los chutneys son muy versátiles: puedes prepararlos con tomates cherry, ciruelas, manzanas y también mangos. Lo suyo es encontrar las especias adecuadas y dejar reducir para obtener una textura más espesa.

Este chutney dura en la nevera varios días en un tarro hermético.

¡Ah!, y combina estupendamente con albóndigas vegetales, falafeles o hamburguesas *veggies*.

2 mangos maduros (pero firmes)
4 dátiles picados
½ cucharadita de jengibre en polvo
½ cucharadita de comino en polvo
1 cucharadita de mostaza
un poco de paprika o chili (opcional)

Pela y trocea los mangos.

En una olla pequeña o mediana, pon los mangos troceados y su jugo, los dátiles, el jengibre y el comino en polvo, 1 cucharadita de mostaza, otra de vinagre, un diente de ajo picado y, si quieres, un poco de paprika o chili.

Cocina unos 20 minutos a fuego medio-bajo hasta que los dátiles vayan fundiéndose y la textura vaya espesando. Puedes triturarlo todo o dejarlo tal cual.

Cuando se haya enfriado, guárdalo en un tarro hermético en la nevera. Dura unos 5 días o un poco más.

ALIOLI DE MISO Y CEBOLLA CARAMELIZADA

40 minutos

1 tarro mediano

Tener una salsa molona para acompañar platos siempre es un buen truco para llevar el plato a otro nivel o acabar de darle el toque que le falta.

El alioli es una salsa que ya conocemos todos, pero vamos a añadirle mucho sabor con la pincelada de miso y cebolla caramelizada.

Yo ya me estoy imaginando un bocata con ese alioli bañando berenjena asada. ¡Mmm! ¡Qué rico!

2 cebollas blancas
1 huevo
2 cucharadas de miso blanco (o shiro miso)

Pela las cebollas y córtalas en rodajas finas. Ponlas en una olla con un poco de mantequilla. A fuego muy bajo, rehógalas durante 30-40 minutos, sin tocarlas mucho, hasta que reduzcan de tamaño y caramelicen. Si ves que se van secando demasiado, puedes añadir un poquito de agua.

Pela el diente de ajo y pon la mitad en el vaso de tu batidora. Añade el huevo y la cebolla caramelizada, el miso, un chorrito de zumo de limón y otro de aceite de oliva.

Empieza a batir sin mover la batidora del fondo del vaso, hasta que se comience a ligar. Cuando veas que emulsiona, mueve el brazo de la batidora suavemente arriba y abajo, y ve añadiendo el resto de aceite poco a poco (un total de 250 ml) hasta que quede bien homogéneo.

Prueba y rectifica a tu gusto. El miso ya es salado, pero si ves que necesita sal, se la puedes añadir.

Guarda en un tarro en la nevera y ya tienes salsa comodín para cuando quieras. Se conserva 3-4 días perfectamente.

KIMCHI EXPRÉS

20 minutos

1 tarro mediano

Los fermentos pueden ser, para algunos, «intimidantes» a la hora de prepararlos, pero lo único que necesitas son buenos ingredientes y paciencia.

Este kimchi exprés no cuenta con todos los ingredientes de la receta original, pero es una buena alternativa y queda muy resultón.

1 col blanca troceada
1 cucharadita de jengibre fresco pelado y rallado
2 cucharadas de tamari o agua (opcional)
3 cucharadas de cayena en escamas o pasta de chili
2-3 cucharadas de vinagre de arroz
cebolleta y zanahoria ralladas (opcional)

Trocea la col en trozos medianos. Pon los trozos en un bol y añade 1 cucharada de sal. Mezcla bien y masajéalos unos minutos, hasta que se reblandezcan las hojas. Reserva.

En un mortero o batidora, tritura 5 dientes de ajo, el jengibre, el tamari o agua, la cayena o pasta de chili y el vinagre de arroz, hasta obtener una pasta. Añade la pasta al bol de la col y masajea bien, durante unos 10 minutos.

Pon todo en un tarro hermético esterilizado (¡importante!) dejando un poco de espacio arriba.

Cierra y deja fermentar 2 semanas a temperatura ambiente.

Una vez abierto, guarda en la nevera.

ÍNDICE DE RECETAS

EMPEZAR EL DÍA

SNACKS Y BEBIDAS

CREMAS

ENSALADAS

PASTA Y ARROZ

HUEVOS

CENAS *SIMPLY*

EXTRAS

ÍNDICE DE INGREDIENTES

M

N

O

P

Q

R

S

T

V

W

Y

Z